KB061284

부모 사용
설명서

부모 사용 설명서

초판 1쇄 발행 2017년 11월 27일
초판 8쇄 발행 2024년 6월 7일

지은이 정지우 그린이 빡세 기획 설완식
펴낸이 최순영

교양 학습 팀장 김솔미 편집 김희선
키즈 디자인 팀장 이수현 디자인 Studio Marzan 김성미

펴낸곳 ㈜위즈덤하우스 출판등록 2000년 5월 23일 제13-1071호
주소 서울특별시 마포구 양화로 19 합정오피스빌딩 17층
전화 02) 2179-5600
홈페이지 www.wisdomhouse.co.kr 전자우편 kids@wisdomhouse.co.kr

ⓒ정지우 · 설완식, 2017

ISBN 979-11-6220-113-8 43330

* 이 책의 전부 또는 일부 내용을 재사용하려면 반드시 사전에 저작권자와
  ㈜위즈덤하우스의 동의를 받아야 합니다.
* 인쇄·제작 및 유통상의 파본 도서는 구입하신 서점에서 바꿔드립니다.
* 책값은 뒤표지에 있습니다.

부모 사용 설명서

정지우 글 ◑ 빡세 그림

위즈덤하우스

◑ 차 례

들어가는 글 :
『부모 사용 설명서』를 읽기 위한 설명서

○ 이 책은 우리가 부모를 어떻게 잘 사용할 것인가에 관한 책입니다. '부모를 사용한다고? 부모님이 기계나 물건도 아니고 어떻게 감히 그런 생각을 할 수 있지? 너무 건방진 건 아닐까?' 하는 생각이 든다면, 조금 더 깊이 살펴보죠.

우리는 모든 것에 대해 사용법을 잘 알고 사용합니다. 다리를 사용할 줄 알아야 걸을 수 있고, 말을 사용할 줄 알아야 친구도 사귈 수 있고, 스마트폰을 사용할 줄 알아야 게임도 할 수 있습니다. 여기까지야 너무 당연한 이야기지만, 부모님은 역시 다르지 않냐고요? 조금 더 이야기를 해 보죠!

우리는 주변의 물건이나 내 몸뿐만 아니라 생각이나 감정, 말도 사용할 줄 알아야 합니다. 친구 사이가 틀어졌을 때, 어떻게 다시 관계가 좋아질지 고민하는 게 바로 생각을 사용하는 것입니다. 생각을 사용할 줄 모르면 친구와 영영 멀어질지도 몰라요. 섭섭하고, 억울하고, 화가 나더라도 친구 사이가 좋아지려면 먼저 화해해야 한다고 생각하죠. 화가 나도 조금 참고, 자존심이 상해도 조금 양보해서 '생각'에 따라 행동해야 다시 친구 관계가 좋아질 수 있겠죠. 결국 친구에게 다가가서 "내가 이런저런 이유 때문에 화가 났지만, 내 잘못도 있으니 우리 화해하자." 하고 말하면 우리는 감정, 생각, 말까지 모두 훌륭하게 '사용'한 겁니다!

그렇게 보면 친구 사용법, 선생님 사용법, 부모님 사용법을 모른다는 게 더 말이 안 되지 않나요? 주변 사람들을 어떻게 대하고 사용하는지 모르면서 그들과 잘 지내고 살아간다는 게 더 이상한 일인지도 모릅니다. 특히 거의 하루도 빠짐없이 만나고 이야기하는 부모를 사용할 줄 모른다면, 우리는 마치 벽돌과 같이 사는 기분일 거예요. 스마트폰을 사용할 줄 모르면, 가지고 있어봐야 벽돌이나 마찬가지인 것처럼 말이죠. 그러니 우리도 이제 부모를 사용할 줄 알아야 합니다. 내 생각과 감정과 말을 사용하는 법을 알아야 하듯이 말이죠.

명심할 것은 '사용(使用)'이라는 단어가 꼭 나쁜 뜻은 아니라는 겁니다. 보통 사용이라는 말은 사람보다는 물건에 쓰기 때문에 부정적인 느낌을 줄 수 있지만, 모든 단어는 그 목적에 따라 의미가 달라집니다. '누군가를 내 이익을 위해서 마음대로 사용한다'고 하면 나쁜 의미일 수 있지만, '서로를 위해서 잘 사용한다'고 하면 얼마든지 좋은 의미가 될 수 있죠. 이 책의 진정한 의미 역시 '나를 사용하고 부모를 사용해서 함께 행복하고 좋은 삶을 살아가기 위한 설명서'라고 보면 딱 좋을 것 같네요.

물론 우리는 나를 사용하기조차 쉽지 않습니다. 얼마나 많은 일들이 내 뜻대로 되지 않나요? 마음 같아서는 내가 원하는 것들을 다 하고 싶고, 부모님이 원하는 것들도 이루어 주고 싶죠. 자신이 마음대로 되지 않을 때마다 얼마나 스트레스를 받고 괴로운가요? 어떤 때는 내가 게임 중독이나 화장 중독에 빠진 것 같아 걱정이 되기도 하고, 이유 없이 짜증을 내는 자신이 싫어지기도 하죠. 그런데 거기에 더해 '부모까지 잘 사용하라고? 정말 그게 가능할까?' 하는 의심이 들 법도 합니다. 바로 그렇게 어려운 일이기 때문에 여러분에게 이 『부모 사용 설명서』가 필요합니다. 부모뿐만 아니라 나 자신도 잘 사용하기 위해서 말이죠.

미리 살짝 귀띔해 주면, 나를 사용하든 친구를 사용하든 부모를 사용하든 가장 중요한 것은 믿음입니다. 이 책을 다 읽고 나면, 무슨 말인지 알게 될 거예요. 그러니 일단 믿어 봅시다. 이 설명서가 여러분에게 꼭 필요할 거라고 말이죠! 저도 여러분이 인내심을 가지고 끝까지 이 책을 읽어 내리라 믿어 보겠습니다. 그래야 저도 이 설명서를 끝까지 쓸 수 있을 테니까요.

부모 사용 설명서

1

부모 사용 전 유의 사항

'나' 알아보기

쿼쿼한 냄새를 풍기는 난 중학생이다. 친구들은 날 빡세라 부른다.

비정상 어른

● 이 책을 읽고 있는 여러분은 아마 '청소년'이라 불리는 시절을 보내고 있을 겁니다. 때로는 '사춘기'라며 핀잔을 듣기도 하겠죠. 저도 어른이 된 지 제법 오래됐지만, 사춘기라는 말을 별로 좋아하지 않습니다. 특정 나이 대의 아이들을 싸잡아서 '너희는 좀 이상한 상태야.' 하고 말하는 것 같기 때문이죠. 하지만 장담하건대, 사춘기라 불리는 아이들보다 어른들이 이상한 경우가 훨씬 많습니다. 아니요, 어른들은 정말로 이상합니다!

눈치 빠른 사람이라면 이미 알고 있을지 모르겠지만, 자기가 말하는 대로 사는 어른은 거의 없습니다. 어제 했던 말도 오늘은 다르게 말하고, 자신이 한 말을 밥 먹듯이 어기고, 스스로 무엇을 원하는지 정확히 모르는 어른이 태반입니다. 게다가 스스로를 절제하지 못해서 술과 담배에 중독되기도 하고, 배우자가 아닌 다른 이성한테 한눈을 팔기도 하죠. 심지어 짜증을 참지 못해 가족을 때리거나 남들한테 화풀이를 하다가 경찰서에 잡혀가기도 합니다. 여러분의 부모님은 물론이고 이모나 할아버지, 나아가 선생님도 그럴 수 있습니다. 어른들은 자신들은 완벽하고, 청소년들은 '불완전한 사춘기' 상태의 모자란 존재라고 생각합니다.

하지만 실제로 완벽한 사람은 없죠. 그런데 왜 어른들은 자꾸 청소년을 '사춘기'라 부르면서 때로는 몰아세우고 무시하기까지 할까요? 아마 어른들이 모두 청소년기를 보냈기 때문일 겁니다. 청소년기를 보내 봤더니 그 시기에는 '뭔가 좀 이상했어.' 하고 생각하는 것이죠. 그러니 '너희들도 좀 이상할 거야.' 하고 생각하는 것일 테고요. 사람은 누구나 자기가 경험한 것을 과신하는 경향이 있습니다. 경험해 봤으니 다 안다는 거죠.

사실 저도 청소년기 때 좀 이상하긴 했습니다. 당시 유행하던 드라마나 만화에 푹 빠져서 몇 주 동안 정신을 못 차리곤 했죠. 드라마 촬영지에 가서 주인공이 된 것처럼 느껴 보기도 하고, 멍하니 공상에 빠져 지내기도 했습니다. 또 어떤 때는 너무나 혼자 있고 싶어서 가족들과 여행을 가기 싫다고 온갖 짜증을 부리다가, 막상 가족들이 떠나 버리자 외로워서 눈물을 찔끔 흘리기도 했죠. 물론 청소년기만 이상하고 지금은 이상하지 않다는 뜻은 아닙니다. 그때는 그때대로, 지금은 지금대로 이상하죠. 다시 말해, 우리는 언제나 이상한데 매번 조금씩 '다르게' 이상해지는 것 같습니다.

여러분이 보기에 어른들은 참 이상하죠? 그런데 반대로 어른들이 보기에도 여러분은 참 이상할 수 있습니다. 그리고 그게 사실입니다! 여러분은 자기 자신이 좀 이상한 것 같다고 한 번도 생각해 본 적이 없나요? 지금까지 단 한 번도 그런 생각을 해 보지 않았다면, 여러분은 정말로 이상한 사람일 수 있습니다. 누구나 자기 자신이 좀 이상하다고, 그리고 남들도 이상하다고 생각하며 살기 때문이죠.

다만 어른들은 여러분 앞에서 이상하지 않은 척하려고 엄청나게 애쓰고 있습니다. 그래야 여러분에게 조언도 할 수 있고, 명령도 할 수 있을 거라 믿기 때문입니다. 앞으로 차차 이야기하겠지만, 가끔 어른들을 '이상한 아이'처럼 바라볼 필요도 있습니다. 그리고 반대로 내가 '완벽한 어른'인 것처럼 굴어야 할 때도 있죠. 이 이야기는 차차 하기로 하고, 지금 우리는 '사용 전 유의 사항'에 대해 알아보는 중이니 '나의 이상함'에 대해 더 생각해 보기로 하죠.

나도 비정상

◑ 본격적으로 이야기하기 전에, 한 가지 약속을 하면 좋을 것 같습니다. 저는 여러분에게 '부모 사용 비법'을 알려 줄 겁니다. 그런데 그 비법을 사용하기 전에 꼭 여러분이 가져야 할 자세가 있습니다. 자신의 부족함과 이상함을 인정하는 것입니다. 앞에서도

말했듯이, 우리 모두는 부족하고 이상합니다. 여러분이라고 예외일 수는 없습니다. 한번 곰곰이 생각해 보죠.

여러분은 자신이 무엇을 원하는지 정확히 알고 있나요? '당연하지!' 하는 생각이 든다면, 먼저 부모님과 관련된 질문을 해 보겠습니다. 여러분은 부모님에게 무엇을 원하나요? 누군가는 부모님의 진심 어린 관심을 바란다고 할 수도 있고, 또 다른 누군가는 부모님이 참견하지 말고 그냥 내버려 두기를 바란다고 할 수도 있겠죠. 여러분도 둘 중 하나일 겁니다. 그런데 그게 진짜 여러분이 원하는 걸까요?

부모님이 여러분을 너무나 사랑해서 아침부터 밤까지 여러분이 잘되기만을 진심으로 바라고, 하나부터 열까지 일일이 계획을 짜고 챙겨 주려고 한다면 어떨까요? 무엇을 먹을지, 어떤 친구를 사귀어야 할지, 학교가 끝나면 무엇을 해야 할지, 방학 때는 무슨 학원을 다녀야 할지, 모든 걸 정해 준다고 생각해 보세요. 아마 여러분은 "제발 나한테 관심 좀 꺼 줘!" 하고 소리치게 될지도 모르죠. 내가 먹고 싶은 걸 먹고, 하고 싶은 걸 하고 싶다고 생각할 거예요.

그럼 반대로 생각해 보죠. 부모님이 그저 굶어 죽지 않게만 도와주고, 마음대로 살라고 하면 정말 행복할까요? 오히려 불안하지 않을까요? 괜찮은 어른이 될 수 있을지, 오늘 하루를 이렇게 보내는 게 맞는지 걱정이 되지 않을까요? 누군가 중심을 잡아 주고 챙겨 주길 바라게 되지 않을까요? 결국 "제발 나한테 관심 좀 가져 줘!" 하고 소리치게 될지도 모르죠.

"내가 바라는 건 지나친 관심도 아니고 무관심도 아닌, 적당한 관심이에요." 하고 말할지도 모릅니다. 하지만 '적당한 관심'은 어떤 거죠? 먹을 것은 챙겨 주되, 친구를 사귀는 문제에 대해서는 무관심한 게 적당한 관심일까요? 아니면 어떤 직업을 가질지는 정해 주되, 공부하는 건 간섭하지 않는 게 적당한 걸까요? 이쯤에서 슬슬 짜증 날지도 모르겠습니다. '아, 몰라요! 그냥 적당한 관심이요!' 하는 생각이 든다면, 아마 여러분은 영영 부모를 사용할 수 없을 겁니다. 아마 자기 자신도 사용할 수 없을 테고요. 조금 더 차분하게 생각해 보도록 합시다.

청소년기는 말 그대로 '청년'도 '소년'도 아닌 시기입니다. '청년'이기도 하고 동시에 '소년'이기도 한 시기이죠. 어릴 때, 우리는 부모님의 절대적인 관심이 필요했습니다. 부모님이 먹여 줘야 하는 것은 물론이고, 볼일을 볼 때도 화장실에 데려가 줘야 했고, 잠도 부모님이 재워 줘야 했습니다. 걷는 법, 말하는 법, 친구를 사귀고 공부를 하는 법 등 모든 것을 부모님이 도와주어야 했죠. 보통 이런 시기까지를 '소년기'라고 부를 수 있습니다.

그러나 커 가면서 점점 부모님의 도움이 필요 없어집니다. 더 이상 부모님이 먹여 주고, 재워 주고, 화장실에 데려가 줘야 할 필요가 없죠. 스스로 친구를 사귀고, 놀거나 공부하는 방법도 알기 시작합니다. 나만의 개성이 생기면서 부모님의 뜻과는 다르게 행동하기도 하지요. 자신만의 방식을 찾아가는 시기가 온 겁니다. 비로소 '청소년'이 된 것이죠.

부모님의 관심을 바라면서도 부모님이 신경 쓰지 않기를 바라는 모순된 마음, 이런 '이중적인 소망'을 갖게 되는 이유도 여기에 있습니다. 청소년기가 바로 소년과 청년이 뒤섞인 이중적인 시기이기 때문입니다. 그러니까 이 시기에는 오히려 '이상하지 않은

게' 이상합니다. 이제 소년에서 청년이 되어야 할 막중한 짐을 지기 시작했기 때문이죠. 때론 이 짐이 너무나 버거워서 짜증이 날 수도 있고, 어떻게 해야 될지 몰라 막막할 수도 있습니다.

그럴 때는 너무 고민하지 말고 자기 자신을 인정하면 됩니다. "맞아요, 나는 좀 이상해요. 나도 부모님한테 무엇을 원하는지 정확하게 몰라요." 하고 말이죠. 그렇게 생각할 수 있다면, 우리는 부모를 사용할 수 있는 기본자세를 갖추게 된 셈입니다. 컴퓨터를 사용하기 위해서는 일단 의자에 앉아야 하는 것처럼, 자전거를 타기 위해서는 일단 안장에 올라타야 하는 것처럼 말입니다.

오락가락, 내가 원하는 것

◑ 부모를 알고 사용할 줄 알기 위해서는, 먼저 나를 알고 사용할 줄 알아야 됩니다. 부모를 상대하고 사용해야 하는데, 나 자신을 모른다면 아무리 훌륭한 기술들을 배워 봐야 쓸모가 없을 겁니다. 반드시 알아야 하는 것은 '내가 무엇을 원하는지'입니다. '내가 무엇을 원하는지 정도는 알고 있다, 내가 무엇을 원하는지는 내가 가장 잘 안다'고 생각할지 모릅니다. 하지만 생각보다 우리는 진정 무엇을 원하는지 잘 모릅니다. 어린 아기들이야 '배고프

다, 자고 싶다, 놀고 싶다'처럼 원하는 것이 단순해서 모를 수가 없겠죠. 그러나 조금만 나이가 들어도, 자신이 무엇을 '진짜로' 원하는지 헷갈리게 됩니다.

주말에 사촌들과 만나서 축구를 하고 싶다고 생각해 봅시다. 분명 내가 원하는 건 '사촌들'을 만나서, '축구'를 하고 싶은 것이죠. 여기까지는 내가 원하는 것이 무엇인지 전혀 헷갈릴 게 없습니다. 그런데 막상 사촌들을 만나서 축구를 하는데 생각보다 패스나 슛이 잘되지 않고, 사촌 동생이 오히려 나보다 골을 많이 넣었다고 생각해 봅시다. 괜히 짜증을 내고 신경질을 부리겠지요. '사촌들이랑 축구를 할 게 아니라 친구들을 만나서 게임이나 할 걸……' 하고 후회하겠죠. 그렇다면 내가 진짜로 원했던 것은 사촌들이랑 축구하는 게 맞을까요?

아니죠, 아닙니다. 내가 원했던 것은 정확히 말해, 사촌들과 축구를 하되 '내가 잘하는 것'이었을 겁니다. 축구를 잘해서 느끼는 행복을 얻는 것이었겠죠. 사촌들과 축구를 하면, 그 행복을 얻을 수 있으리라 믿었던 겁니다. 우리 삶에서 이런 경우는 너무나 많습니다. 또 다른 예를 들어 볼까요? 갑자기 예전에 친구들과 맛있게 먹었던 피자가 엄청나게 먹고 싶어서, 부모님을 졸라 피자를 시켜 먹었는데 생각보다 맛있지 않습니다. 왜 그럴까요? 내가 원했던 건 친구들과 함께 피자를 먹는 즐거움이었지, 피자를 먹는 게 아니었기 때문입니다. 여러분도 곰곰이 생각해 보면, 비슷한 일들을 겪은 적이 있을 겁니다. 모든 사람들이 그런 일을 경험하며 삽니다. 나중에 이야기하겠지만, 자기가 진짜 원하는 게 무엇인지 모를 때가 많습니다.

그렇다면 우리는 자기 자신에 대해 조금 신중해질 필요가 있습니다. '내가 원한다고 믿는 것'이 내가 진짜로 원하는 것이 아닐

부모 사용 전 유의 사항_'나' 알아보기

수도 있다고 항상 생각해야 합니다. 점점 나이가 들수록 우리는 스스로 원하는 것을 알아야 하고, 어떻게 얻을 수 있을지 고민해야 합니다. 그런 과정에서 가족이나 친구와 갈등을 겪기도 하고, 자기 자신과 싸우게 되기도 하죠.

'내가 좀 이상하다'는 사실을 인정하는 게 자전거 위에 올라타는 것이라면, 내가 '진짜 원하는 것'을 아는 일은 두 손으로 손잡이를 움켜쥐고 자세를 잡는 것이라 볼 수 있습니다. 아직 갈 길은 멉니다. 바닥에 디디고 있는 두 발을 페달 위로 올려야 하고, 그런 다음 열심히 페달을 돌려야 할 테고 균형을 잡고 방향도 조정할 수 있어야겠죠. 더 욕심을 부린다면, 기어도 바꾸고 속도도 조절하면서 주변도 살필 수 있어야 할 테고요. 나중에는 한 손만 손잡이를 쥐고 달리거나 양손 다 놓고 묘기도 부릴 줄 알아야겠죠. 아직 이 『부모 사용 설명서』를 믿고 계시죠? 그럼 같이 더 가 보도록 합시다. 양손 놓고 묘기 부리며 도로를 누빌 수 있을 때까지!

사소한 것에 목숨 걸지 마라

◑ 내가 무엇을 원하는지 알고 싶을 때, 핵심은 '중요한 것'과 '사소한 것'을 나눠 보는 것입니다. 앞에서 들었던 예를 활용해 보자

면, '사촌과 축구하는 것'은 사소한 것입니다. 반면, '내가 잘해서 행복한 시간을 보내는 것'은 중요한 것이죠. 중요한 것만 얻을 수 있다면 사소한 것은 얼마든지 바뀌어도 좋습니다.

방학 때 나는 놀이공원에 가고 싶고 동생은 물놀이장을 가고 싶다면 어떻게 해야 할까요? 여기에서 중요한 것은 '행복한 방학'을 보내는 것이고, 사소한 것은 '놀이공원이냐, 물놀이장이냐'입니다. 행복하기만 하다면, 놀이공원이면 어떻고 물놀이장이면 어때요? 이번 방학에 놀이공원을 못 가면 다음 방학 때 가면 되죠. 처음에는 놀이공원을 고집할 수 있겠지만, 뜻대로 안되어도 너무 심하게 삐지거나 싸울 필요는 없습니다. 기분이 나쁘면 어디로 가든 행복하긴 틀린 셈이죠.

항상 마음의 중심을 '중요한 것'에 두는 연습을 해야 합니다. 물론 처음에는 잘되지 않을 수 있습니다. 다들 짜장면을 먹고 싶어 하는데, 나는 죽어도 치킨을 먹고 싶을 수도 있죠. 하지만 치킨을 먹는 것 역시 행복해지고 싶어서라는 걸 명심합시다. 그러면 이번에는 일단 다 같이 짜장면을 먹으며 '덜 행복'하고, 다음번에 치킨을 먹으며 '더 행복'하면 됩니다. 인생은 길고 기회는 많으니까요.

핵심은 한 번 더 생각하는 것입니다. 지금 당장 무언가를 하고 싶을 때 그러지 못하면 곧바로 짜증이 나거나 초조해지죠. 그럴 때마다 내가 진짜로 원하는 것이 무엇인지 한 번 더 생각해 봐야 합니다. 시간을 길게 보는 연습을 하는 것이죠. '시간을 길게 보는 것'이야말로 인간이 가진 최고의 능력이기도 합니다. 동물들은 먹고 싶으면 먹고, 자고 싶으면 자고, 싸우고 싶으면 싸웁니다. 그러나 우리 인간은 이 순간을 인내하며 먼 미래의 시간을 계획하고 생각할 수 있습니다. 앞에서 예를 든 것처럼 이번에 놀이공원을 못 가는 대신 나중에 "그때는 물놀이장에 갔으니, 이번엔 놀이공원에 가야 해!" 하고 말할 수 있는 날을 기다릴 수 있죠.

실제로 인내심, 다시 말해 자기 절제 능력을 가지고 미래를 생각할 수 있는 아이들이 어른이 되어서도 더 성공하고 행복할 확률이 높다고 합니다. 이런 능력은 중요한 것과 사소한 것을 끊임없이 생각하는 습관에서 길러집니다. 천천히 시간을 두고 원하는 것을 얻는 그날을 기다리세요. 생각을 하고 전략을 짜면서 말이죠. 사소한 것쯤은 얼마든지 바뀌어도 괜찮습니다.

지금이 중요해? 나중이 중요해?

◑ 조금 더 중요한 문제를 생각해 봅시다. 우리에게는 지금 당장의 행복과 먼 미래의 행복이 있습니다. 지금 당장이야 맛있는 걸

먹고 재밌는 만화를 보거나 게임을 하면 행복할 수 있겠죠. 하지만 먼 미래의 행복을 생각한다면, 매일같이 놀기만 해서는 안 되겠죠. 부모님이나 선생님이 많이 하는 이야기입니다. "공부해야 나중에 행복하게 살 수 있다!" 우리 역시 그 말이 완전히 틀린 건 아니라는 사실을 알고 있습니다.

지금 우리가 누리는 행복은 상당 부분 부모님의 노력과 헌신 위에 있습니다. 새벽같이 출근해서 직장 상사의 잔소리에 시달리며 하루 종일 일하는 부모님, 집에서 음식을 차리고 청소와 빨래를 하는 부모님이 없다면 우리가 행복하긴 어려울 겁니다. 다시 말해, 우리는 부모님에게 행복을 '의존'하고 있습니다. 그렇기에 부모님은 때로 우리를 혼내고 우리에게 명령하는 거죠. 우리 역시 부모님 없이 행복할 수 없다는 걸 알기 때문에 부모님 말을 듣거나 적어도 듣는 척이라도 하죠.

이러한 상황이야말로 청소년의 마음을 더 힘들게 합니다. 이제 슬슬 정신은 독립을 하기 시작했는데, 경제적으로 독립하려면 한참이나 기다려야 하기 때문이죠. 독립적인 인격체가 되기까지 부모님과 끊임없이 조율하고 협상하는 과정이 필요합니다. 부모님 따위야 신경 쓰지 않고 제멋대로 하고 싶을 때도 있겠지만, 결코 그럴 수 없는 입장이기 때문에 짜증 나더라도 부모님과 서로 원하는 것을 맞추어야 하죠. 청소년기는 참 피곤한 시기가 아닐 수 없습니다. 돈을 벌기 위해 고객을 상대하는 점원이나 사장님을 상대하는 회사원처럼, 청소년은 부모님을 잘 상대해야 합니다.

많은 경우, 부모님은 지금 당장의 행복보다 미래의 행복에 관심이 많습니다. 부모님이 보기에 '중요한 것'은 미래의 행복이고 '사소한 것'은 현재의 행복이기 때문이죠. 부모님들은 최선을 다해 공부하는 아이들에게만 미래의 행복이 보장된다고 생각합니다. 그래서 미래의 행복을 위해 현재의 행복을 희생하라고 이야기하죠. 여러분 입장에서 때때로 반발심이 드는 건 어쩔 수 없습니다. 지금의 행복 역시 미래의 행복 못지않게 중요하다고 생각하기 때문이죠. '왜 미래의 행복만 중요해? 지금이 불행하다면 미래의 행복이 무슨 소용이 있어?' 이런 생각을 하는 여러분이 틀린 게 아닙니다.

우리는 항상 '지금'밖에 살 수 없습니다. 미래도 결국 지금이 되죠. 따라서 행복 역시 언제나 지금밖에 없습니다. 하지만 언젠가 그 '지금'이 아주 크게 바뀌는 것도 사실입니다. 성인이 되면 점차 부모님을 만나는 시간이 줄어들고, 언젠가는 스스로 벌어서 먹고 살아야 할 테고, 먼 미래에는 부모님도 이 세상에 없겠죠. 그런 시간이 점점 다가오기 때문에 우리는 '미래의 지금'을 준비하며 노력할 수밖에 없습니다.

따라서 우리에게는 전략이 필요합니다. 어떻게 하면 현재의 행복도 포기하지 않으면서 미래의 행복도 준비할 것인가? 이 질문이야말로 매일같이 기억해야 합니다. 갑자기 이야기가 너무 답답하고 진지하게 흘러가는 것 같네요. 하지만 이 사실을 기억하지 못한다면, 우리는 현재의 행복도 미래의 행복도 얻을 수 없게 될 겁니다. 무엇보다도, 부모를 잘 사용하기 위해서는 부모님이 원하는 '미래의 행복'과 내가 원하는 '현재의 행복' 사이를 잘 파악하고 조정할 줄 알아야 합니다. 이것은 자전거를 타기 위해 한쪽 발을 땅에 디디고 다른 한쪽 발을 페달 위에 올린 상태라고 볼 수 있습니다. 땅에 디딘 발이 '현재의 행복'이라면, 페달에 올린 발은 '미래의 행복'이라고 할 수 있겠네요.

우리는 지금까지 부모를 사용하기 전에 익혀야 할 세 가지 유의 사항을 살펴보았습니다. 첫째는 나를 포함해 세상 사람들은 모두 좀 '이상하다'는 것, 이것은 자전거 안장 위에 앉은 것과 같습니다. 둘째는 내가 '진짜로 원하는 것'을 항상 고민해야 한다는 것, 이것은 자전거 손잡이를 잡은 것과 같죠. 셋째는 항상 '미래의 행복'과 '현재의 행복'을 함께 생각해야 한다는 것입니다. 이것은 한쪽 발을 땅에 디디고 다른 한쪽 발을 페달 위에 올린 것과 같습니다.

이제 사전 준비는 끝났습니다! 이 세 가지를 메모지에 적어서 책상 앞에 붙여 두고 꼭 기억하기 바랍니다. 그럼 지금부터는 본격적으로 부모를 사용하기 전에, 부모라는 구성품에 대해 알아보도록 하겠습니다. 잠깐 자전거에서 일어나서, 자전거 구석구석을 살펴보며 공부해 보는 것이죠.

부모 사용 전 유의 사항_'나' 알아보기

부모 사용 설명서

2

제품 구성

'엄마와 아빠' 알아보기

아들!
아빠랑 목욕탕 갈까?

벌컥~!

아, 싫어!
아빠 혼자 가!

급
실
망

쳇! 관뒤라!

아빠~?

삐졌어?

휴대폰 바꿀 때 됐는데……

긁쩍~

누구… 시더라?

아빠도 때론 서운함을 느끼는 여린 마음의 소유자라는 걸 잊지 말아요~.

부모도 부모가 처음

◑ 부모를 사용하려면 먼저 부모를 알아야 합니다. 처음 자전거를 사게 되면 나에게 맞도록 손잡이와 안장 높이를 조절하고, 바구니와 전조등을 장착하거나 기름칠을 하기도 합니다. 그렇게 나에게 꼭 맞는 자전거로 만들어야 제대로 탈 수 있죠. 하지만 그 전에 우리는 자전거를 사러 가야 합니다. 매장에 가서 전체적인 모양을 살펴보기도 하고, 튼튼한지 만져 보기도 하고, 직접 타 보기도 하죠.

부모님은 지금 내가 타고 있는 자전거와 같습니다. 그래서 언제나 나에게 맞도록, 내가 편한 대로만, 내 입장에서만 부모님을 생각하고 있습니다. 그러나 부모님도 원래 새 자전거처럼 '새것'이었습니다. 태어날 때부터 나의 부모였기 때문에, 우리는 언제나 부모님을 나의 엄마와 아빠로만 바라볼 수밖에 없죠. 하지만 부모님도 엄마와 아빠이기 전에 한 명의 그냥 사람이라는 것을 기억할 필요가 있습니다. 내 자전거가 지금 나에게 꼭 맞도록 조정된 '내 자전거'이기 전에 '그냥 자전거'였던 것처럼 말이죠.

우리는 부모님을 '나의 엄마와 아빠'가 아닌 한 명의 여자 어른과 남자 어른으로 바라볼 필요가 있습니다. 부모님 역시 누군가의 엄마와 아빠가 된다는 일이 어떤 것인지 잘 몰랐다는 사실, 누군가의 엄마와 아빠 역할을 하는 게 처음이라는 사실을 잘 생각해 봅시다. 손위 형제나 자매가 있다면 부모님도 마냥 처음은 아니겠지만, 여전히 인생의 대부분을 누군가의 아들이나 딸로만 살다가 엄마와 아빠가 된 지 얼마 되지 않았을 겁니다.

부모님이 엄마와 아빠를 열 번쯤 해 봐서 자식을 어떻게 대하면 되는지 완벽하게 알고 있는 전문가라면 상관없겠지만, 당연히 그렇지 않기에 부모님 역시 자식들과의 관계에서 어려움을 겪습니다. 때로는 자식이 너무나 미울 테고, 왜 내가 자식을 낳아서 이런 고생을 해야 하는지 괴로울 테고, 자식을 잘 키우고 있는지 걱정하기도 하겠죠. 그럴 때 혹시 그냥 '엄마가 이상하다, 짜증 난다.' 하고 생각해 버리거나 '아빠가 왜 저러지? 그럼 낳지를 말든가.' 하고 생각하진 않았나요? 어쩌면 부모님도 그럴 때 자신이 참 이상하다고, 왜 그러는지 스스로도 이해가 안된다고 생각할 수 있습니다.

저도 어른이고 주변에도 대부분 어른밖에 없어서 하는 말인데, 어른들도 인생에 대해 잘 알지 못합니다. 어떻게 하면 행복하게 살 수 있는지, 누구와 결혼해야 하는지, 아이는 언제 낳아서 어떻게 키워야 하는지 등 대부분의 어른들도 삶에 대해 잘 모르는 채로 살아갑니다. 살다 보니 어느새 어른이 되고 돈을 벌고 결혼도 하고 아이도 낳은 채 지내고 있는 것이죠. 여러분이 어느덧 초등학생 고학년이 되고 중학생이 되고 사춘기가 되어 있는 것처럼 말이죠. 그러니 부모님이 세상 모든 걸 다 아는 것처럼 윽박지르고 명령하고 화를 낼 때 속으로 조용히 생각해 봅시다. '아, 엄마 아빠도 자신을, 인생을, 또 우리와 잘 지내는 법을 모르는구나.' 하고 말이죠.

사실 우리는 이미 부모님이 우리가 알던 부모님과 많이 달라졌다는 걸 알고 있습니다. 어릴 때야, 모르는 것이 있으면 부모님에게 물어보면 되었죠. 그러나 이제는 부모님이 모르는 것도 많다는 사실을 눈치챘습니다. 부모님이 시키는 게 무조건 나한테 좋은 건 아니라는 사실도 알아 가고 있죠. 내가 좋아하는 것, 하고 싶은 것, 친구 관계, 인생 고민 등을 부모님에게 털어놓아도 예전만큼 백 퍼센트 이해 받을 순 없습니다. 부모님에게 숨기는 비밀도 생겼을 테고, 부모님의 생각이 틀리다고 생각하는 순간도 있을 테죠.

다시 말해, 우리와 부모님 사이에 점점 '거리'가 생기고 있습니다. 이 말은 단순히 부모님과 사이가 나빠졌다는 뜻이 아닙니다. 서로 독립된 별개의 존재가 되어 간다는 것이죠. 예전에는 부모님이 사 주는 대로 옷을 입고, 해 주는 대로 음식을 먹고, 데리고 가는 대로 놀러 다녔다면, 이제는 내가 입고 싶은 옷과 먹고 싶은

제품 구성_'엄마와 아빠' 알아보기

음식과 가고 싶은 곳이 생겼습니다. 이것은 잘못되거나 나쁜 일이 아닙니다. 너무나 당연한 일이지요. 오히려 그렇지 않다면 문제가 있다고 볼 수 있겠지요.

불안에 떠는 엄마와 아빠

◉ 어른들을 이해하는 한 가지 힌트를 주려고 합니다. 이것은 아주 비밀스러운 힌트여서, 어른들도 대부분 잘 알지 못합니다. 어른들은 항상 '불안'에 시달리며 살고 있다는 사실이죠. '엄마, 아빠가 불안해 한다고? 전혀 그렇게 안 보이는데?'라고 생각할 수 있지만, 겉으로 보이는 것과 다르게 어른들은 늘 불안합니다. 어쩌면 여러분 중에서도 그런 경우가 있을지 모르겠네요.

흔히 불안하다고 할 때, 어떤 상황이나 사건을 떠올리는 경우가 많죠. 이성 친구한테 고백을 했는데, 친구가 대답을 해 주지 않고 뜸을 들이면 불안하죠. 혹시 거절 당해서 창피할까 봐 걱정되기 때문입니다. 시험을 치고 나면 점수가 잘 나올지 불안합니다. 성적이 잘 나와야 나중에 좋은 학교도 갈 수 있고, 부모님에게 칭찬도 들을 수 있을 테니까요.

그런데 어른들이 느끼는 불안은 좀 다릅니다. 어른들의 불안은 '인생 자체'에 대한 불안입니다. 여러분은 인생의 모든 것을 스스로 책임지고 짊어지는 일에 대해 상상해 본 적이 있나요? 당장 이번 달에 몇백만 원을 벌지 않으면 살고 있는 집, 입는 옷, 먹는 음식, 타고 다니는 자동차, 주말 휴가, 자식 교육, 노후 대비 등 모든 것이 불가능해지는 입장을 생각해 본 적 있나요? 각종 스트레스와 고통에 시달리면서도, 결코 일을 그만둘 수 없는 '영원한 책임'이라는 것을 어른들은 짊어지고 있습니다. 죽는 날까지 자신의 인생과 가족을 책임져야 한다는 불안이 늘 따라다니고 있죠.

'직장에서 해고 당하면 어떻게 될까? 큰 병에 걸리면 어떻게 될까? 배우자와 사이가 틀어져서 이혼하면 어떻게 될까? 갑자기 집값이 떨어져서 빚더미에 올라앉으면 어떻게 될까?' 등 온갖 고민이 어른들의 머릿속에 가득합니다. 거기에 더해 '나라 경제는 갈수록 더 어려워지고 살기는 갈수록 팍팍해진다는데 자식이 커서 제대로 생활할 수 있을까?' 같은 자식 걱정까지 한가득이죠.

많은 학자들이 우리가 살고 있는 현대 사회를 '불안한 사회'라고 이야기합니다. 예전에는 직장에 들어가면, 평생 동안 그 회사에서 일하는 게 일반적이었습니다. 회사에 신입 사원이 들어오면 기술과 일을 가르치고, 그렇게 숙련된 노동자가 오랫동안 일하는 게 회사 입장에서도 이익이었기 때문이죠. 그러나 시대가 급속도로 변하면서, 예전의 기술이 금세 필요 없어지는 사회가 되었습

제품 구성_'엄마와 아빠' 알아보기

니다. 매일 새로운 기술이 개발되면서 과거의 지식이 너무 빠르게 쓸모없어지는 시대가 되었죠. 그러다 보니 직장을 옮겨 다니거나 금방 퇴직하는 사람들이 많아졌습니다. 그 결과 수많은 사람들이 불안에 시달리며 사는 게 현대 사회입니다.

　그러니 겉으로 보기에는 평온해 보일지라도 부모님은 초조하

고 불안하고 괴롭습니다. 그래서 종종 짜증을 내기도 하죠. 그 짜증은 가까이에 있는 배우자나 자식들에게 향하기도 합니다. 부모님 역시 나약한 인간일 뿐이기에, 그 모든 고민과 불안을 감당할 수 없는 겁니다. 부모님도 할 수만 있다면, 항상 평화롭고 행복한 가정을 이루면서 함께 잘 지내고 싶을 겁니다. 그러나 그럴 수가 없으니, 때로는 남편이나 아내 탓을 하기도 하고 가끔은 자식이 잘못했다고 여기는 거죠.

그렇다고 해서 무조건 부모님을 이해하고 복종해야 한다는 말은 아닙니다. 다만 '부모님이 왜 저러는지 모르겠다.' 싶을 때 '부모님도 불안해서 저러는구나.' 하고 생각해 볼 수 있다면, 우리는 조금 더 부모를 잘 사용할 수 있습니다. 뭔가를 사용하려면 그것을 이해하는 게 가장 우선이죠. 자전거가 무엇인지, 스마트폰이 무엇인지, 리모컨이 무엇인지 이해하지 못한다면 당연히 그것들을 사용할 수 없지 않겠어요?

그러니 이제는 부모님이 "방에 들어가서 공부나 해라!" 하고 신경질을 부릴 때, '공부하기 싫은데 왜 저러는지 모르겠다!' 하고 생각하기보다 '부모님도 불안해서 저러는구나.' 하고 생각해 봅시다.

물론 그럴 때 공부를 할지 말지는 별개의 문제입니다. 부모님이 시키는 대로 방에 들어가서 공부를 열심히 하든, 아니면 공부

제품 구성_'엄마와 아빠' 알아보기

하는 척하면서 딴짓을 하든 상관없습니다. 일단 '생각'만 한번 바꾸어 보자는 것이죠.

남들밖에 몰라

◑ 사용 전 유의 사항에서 자신을 제대로 알기 위해서는 '무엇을 진짜로 원하는지' 알아야 한다고 했던 이야기, 기억하고 있나요? 사실 우리가 진짜로 원하는 게 무엇인지 알기란 쉽지 않습니다. 현재든 미래든 대부분 사람들이 진짜로 원하는 건 '행복'입니다. 그런데 행복해지기 위해 무엇을 어떻게 해야 하는지 대부분의 어른들도 잘 모릅니다.

흔히 어른들은 돈을 많이 벌면 행복해진다고 생각합니다. 그 말은 돈을 많이 벌기 전까지는 '행복할 수 없다'고 생각한다는 뜻입니다. 실제로 어느 정도 안정되게 살기 위해서는 돈이 필요합니다. 하지만 돈이 별로 없다고 해서 반드시 불행하진 않습니다. 적당히 아껴 쓰며, 남들과 비교하지 않고, 자기 나름의 행복을 찾는 게 얼마든지 가능하죠. 그럼에도 많은 어른들은 성공해서 돈을 많이 버는 '미래'에만 행복이 있을 거라 믿고 '현재'의 행복은 그다지 중요하지 않다고 생각하며 살아갑니다.

어른들은 항상 주변 사람들과 비교합니다. 자신이 불행한 이유를 남들과 비교하며 찾아내는 것이죠. '내 차가 이웃집 차보다 좋지 않아서, 내 월급이 고등학교 동창 월급보다 적어서, 내 배우자가 사촌의 배우자만큼 예쁘거나 잘생기지 않아서, 내 자식이 친구 자식보다 공부를 못해서' 불행하다고 생각합니다. 어른들은 남들과 비교해서 자신에게 부족한 것을 점검하고, 그 부족한 것을 채우길 원합니다.

이처럼 어른들이 남을 신경 쓰는 데는 우리 사회의 특성도 한 몫합니다. 흔히 학자들은 우리나라처럼 동아시아 유교권에 속한 나라들을 가리켜 '집단주의 문화'를 가졌다고 합니다. 각자가 개성을 존중 받으며 자기만의 삶을 살기보다 가족이나 이웃의 삶을 간섭하고 구속하며 살아왔던 사회라는 것이죠. 이러한 특성은 지금까지도 이어져 친척들이 모이면 서로의 생활을 묻고 간섭하곤 하지요. 공부는 잘하느냐, 취직은 언제 하느냐, 결혼은 안 할 거냐 등을 끊임없이 묻습니다.

우리나라가 급속한 경제 성장을 이루면서 이러한 특성이 더 심해지기도 했습니다. 6·25 전쟁이 끝난 후, 우리나라 사람들은 대부분 가난했습니다. 그러나 '한강의 기적'이라 불리는 경제 성장을 통해서 갑자기 나라에 돈이 넘쳐 나게 되었죠. 어떤 사람들은 하루아침에 엄청난 부자가 되기도 했습니다. 다 같이 가난하다가 이웃이나 친척이 갑자기 부자가 되었을 때 기분이 어떨까요? 그렇지 못한 사람은 큰 박탈감을 느낄 수밖에 없겠죠. 그러다 보니 너도나도 끊임없이 주변을 의식하며 성공만을 바라보게 되었습니다.

우리의 부모님들 역시 자기만의 기준을 가지고 살고 있는 것처럼 보이지만, 사실은 남들의 기준에 맞추고자 애쓰고 있습니다. 심지어 내가 행복한 것보다 남들에게 행복해 보이는 게 더 중요하죠. 설령 내가 행복하더라도 남들이 나를 불행하고 형편없는 사람으로 취급하면 스스로를 불행하다고 생각합니다. '자식의

성공' 역시 '남들의 기준'에 속합니다. 남들한테 내 자식을 자랑할 수 있어야 행복하다고 느끼는 것이죠.

어른들의 생각이 무조건 틀렸다고 볼 수는 없습니다. 행복하게 살기 위해서는 적당하게 돈도 벌고 남들에게 인정받는 것도 중요합니다. 우리나라처럼 경쟁이 심한 사회에서는 누구보다 노력해야 돈도 잘 벌고 인정도 받을 수 있겠죠. 하지만 부모님의 생각이 무조건 옳다고도 볼 수 없습니다. 우리의 행복은 남들에게만 달려 있는 건 아니니까요. 우리가 진정으로 무엇을 원하는지 찾고 고민하며 자신만의 삶을 사는 것이 훨씬 더 중요하지요. 따라서 우리에게는 어른들의 말을 완전히 무시하지도 완전히 따르지도 않으면서 옳고 그름을 판별할 '현명함'이 필요합니다. 그런 태도를 가지고 부모님을 바라볼 때 우리는 진정 어떻게 부모를 사용해야 할지 알 수 있습니다.

저도 어른이지만, 참 많은 어른들이 어른답지 못합니다. 어쩌면 어른들도 스스로가 어른답지 못해서 많이 답답하고 속상해 할지 모릅니다. 자식한테 소리를 지른 후에 자책하고 울기도 하죠. 어른들도 어른이 되는 방법을 잘 모르기 때문입니다. 어른을 위한 학교가 있어서 '좋은 어른 되기' 같은 방법을 배울 수 있으면 참 좋겠지만, 돈 벌어서 먹고살기도 팍팍한 게 현실이죠. 사람에 따라서는 나름대로 좋은 어른이 되고 싶어서 책도 읽고, 강연도

43

듣고, 종교를 가지는 경우도 있지만 그러지 못한 어른이 더 많은 게 사실입니다.

부모님이 좋은 어른이 아니라면 우리가 좋은 아이가 되고, 나아가 부모님을 좋은 어른으로 만들어 줄 수밖에 없습니다. 너무 힘들고 어려운 일이라고 생각하지 않았으면 좋겠어요. 생각보다 부모님은 자식한테 약하기 때문에 우리가 어떻게 하느냐에 따라 잘 사용할 수 있습니다. '자식 이기는 부모 없다'는 말도 있잖아요? 이 『부모 사용 설명서』가 여러분을 도와줄 겁니다. 여전히 이 설명서를 믿고 있다면, 드디어 알게 될 부모 사용 비법들을 잘 배워 보길 바랍니다.

부모 사용 설명서

3

부모 사용법 기본 편
대화의 비법

동상이몽(同床異夢). 그래도 가족과 함께 하는 시간은 소중하다.

지금까지 부모를 잘 사용하기 위해 나를 이해하고, 부모를 이해해야 한다는 것을 살펴보았습니다. 여러 가지 이야기를 했지만, 나도 부모님도 결코 완벽하지 않으며 부족하고 이상하다는 점을 인정하는 것이 가장 중요합니다. 나도 이상하고 부모님도 이상하니, 늘 서로를 사용하는 데 애먹고 갈등을 겪는 게 당연하겠죠.

부모님들은 어떻게 하면 자식을 잘 키울 수 있을지 고민하고, 주변 사람들에게 물어보기도 하고, 책이나 방송을 통해 배우기도 합니다. 반면, 자식들이 부모님을 어떻게 하면 잘 대하고 사용할 수 있는지를 배울 수 있는 기회는 거의 없죠. 기껏해야 도덕 시간에 '부모를 존경하라' 같은 말들만 앵무새처럼 반복할 뿐이니, 부모보다 자식들이 더 막막하고 답답할 게 분명합니다.

먼저 우리는 부모님과 대화하는 기본적인 기술들을 배워 볼 겁니다. '말 한마디에 천 냥 빚도 갚는다'는 속담도 있듯이, 사람을 대할 때 '어떻게 말할 것인가'가 가장 중요하다고 해도 과언이 아닙니다. 말이 잘 통하는 친구와 친해지기 마련이고, 말을 잘하면 부모님과도 사이가 좋아질 수 있습니다. 어쩌면 대화의 기술이야말로 청소년이 배워야 할 가장 중요한 기술이지만 어디에서도 제대로 가르쳐 주지 않습니다. 그러니 이 책이라도 열심히 읽어서 꼭 배워 보기 바랍니다. 정말이지, 이런 기회는 흔치않을 겁니다!

가족은 한 팀

◑ 우리는 매일 부모님과 대화를 합니다. 때로는 그저 '밥 먹어라' '잘 먹었습니다', '공부해라' '알았어요' 혹은 '이제 그만 자라' '조금만 더 있다가요'처럼 아주 단순하고 기본적인 대화만 하는 날도 있겠지요. 앞으로의 계획이나 학교생활, 친구나 담임 선생님과의 관계, 좋아하는 텔레비전 프로그램이나 노래 등 좀 더 다양한 이야기를 부모님과 할 때도 있습니다. 부모님과 간단한 인사만 주고받는 게 전부라면 가족 관계에 문제가 있다고 봐야 할 것입니다.

자식이 어릴 때는 가정이 화기애애하지 못한 책임이 부모님에게 있다고 봐야 합니다. 아무것도 모르는 아이가 나서서 부모님과의 관계를 회복하고, 가족을 화목하게 만들기란 거의 불가능할 테니까요. 그러나 우리가 청소년기에 접어들면, 슬슬 내가 속해 있는 가족에 대해 아무런 책임이 없다고 말하기가 곤란해집니다. '우리도 이제 가족의 행복에 책임이 있다'는 생각이야말로 어린이에서 청소년이 되어 갈 때, 반드시 가져야만 하는 인식입니다.

자녀가 학교에 다녀와서 아무 말도 하지 않고 방 안에만 틀어

박혀 있다면, 그 가족이 화목하기는 참 힘들 겁니다. 반대로 부모님이 늘 지쳐 있고 무뚝뚝해도 자녀가 가족의 좋은 분위기를 위해 애쓴다면, 그 가족은 조금이라도 더 화목해지겠지요. 어릴 때야 우리에게 '책임감'이란 과분한 것이고 가질 필요도 없었습니다. 하지만 청소년이 되면 이제 가족이라는 팀의 팀원으로서 가정의 행복에 책임 의식을 가져야 합니다.

엄마와 아빠, 그리고 내가 '한 팀'이라는 인식은 참으로 중요합니다. 실제로 엄마와 아빠, 나는 각자의 인생을 따로 살고 있는 게 아니라 한 팀을 이루어서 각자 맡은 역할을 해내고 있습니다. 엄마와 아빠는 밖에서 돈을 벌어 오고 집안 살림을 꾸려 나가죠. 자식 또한 부모님과 함께 가족이 행복할 수 있도록 역할을 해야 합니다.

그렇다고 해서 부모님이 명령하는 대로 모든 걸 따라야 하는 것은 아닙니다. 분명 부모님과 우리는 '한 팀'이 맞지만, 한편 각자의 인생을 살고 있기도 합니다. 우리는 부모님과 보내는 시간 이상으로 친구들과 함께 시간을 보내기도 하고 혼자만의 취미를 즐기기도 하죠. 또 부모님이 원하는 것과 내가 원하는 것이 다르면, 부모님의 행복이 나의 불행이 되기도 하고 부모님의 불행이 나의 행복이 되기도 합니다. 예를 들어, 밤낮으로 쉬지 않고 공부해서 좋은 성적을 받았다고 칩시다. 부모님은 그 덕분에 행복한 반면, 나는 너무나 힘들었다고 생각할 수도 있죠.

결국 우리는 부모님과 '따로 또 같이' 살고 있는 셈입니다. 분명 같은 팀이긴 한데, 언제나 똑같이 행복이나 불행을 느끼는 것은 아닙니다. 그렇기에 우리는 더 많이 고민해야 합니다. 어떻게 하면 가족의 행복, 부모님의 행복, 그리고 나의 행복을 조화시킬 수 있을까? 부모님도 나도 서로가 원하는 것을 만족시키면서 잘 지내려면 어떻게 해야 할까?

이를 위해 가장 필요한 기술은 역시 '말'입니다. 결코 침묵해서는 안 됩니다. 말하고 또 말하되, 어떻게 말할지를 알아야 합니다.

소소한 일상 말하기

◉ 친한 친구 사이, 행복한 연인 사이, 그리고 화목한 가족 사이에는 항상 대화가 끊이질 않습니다. 반면 별로 할 말이 없는 친구나 거의 대화를 하지 않는 연인, 늘 텔레비전만 보는 가족은 문제가 있는 관계입니다. 대화가 끊긴 관계는 서로 간의 교감도 사라진 상태라고 볼 수 있습니다.

대화가 사라진 관계에서는 형식적인 인사말 혹은 필요한 지시 정도만 오가게 됩니다. 친구를 만나도 '안녕' 정도의 인사밖에 하지 않고, 부모와 자식 간에도 '이것을 해라, 저것을 해라' 정도의 지시만 하게 되는 것이죠. 이런 상태에서 좋은 관계란 불가능합니다. 반드시 좋은 대화를 나눠 이러한 상황을 벗어나야 합니다.

특히 부모님한테 자주 핀잔을 듣고 부모님과의 관계가 항상 불만족스럽다면, 이를 벗어나기 위한 '사전 작업'이 반드시 필요합니다. 준비 운동 없이 바로 자전거를 타고 정신없이 달리면, 다리 근육에 무리가 와서 쥐가 나거나 근육통을 앓게 되겠죠. 마찬가지로 부모를 사용하기 위해서도, 미리 많은 대화를 하며 '분위기'를 좋게 만들어 둘 필요가 있습니다. 조금 뜬금없는 이야기일 수 있지만, 이성 친구에게 고백을 할 때도 마찬가지입니다. 미리 사전 작업을 통해서 로맨틱한 분위기도 만들지 않고 무작정 고백하면 실패할 확률이 높겠죠.

많은 부모님들은 자식이 무슨 생각을 하는지 궁금합니다. 아무리 사는 게 바쁘고 힘든 부모님이라도, 자식에게 전혀 관심이 없는 부모님은 없죠. 하지만 부모님도 어떻게 자식에게 말을 걸어야 하는지, 어떻게 하면 자식의 진심 어린 이야기를 들을 수 있는지 잘 모릅니다. 부모님도 부모가 처음이고, 그런 걸 배운 적이 없기 때문이죠. 특히 예민한 사춘기의 자식에게는 괜히 더 조심스러워지고, 자식이 더 멀어질까 걱정하여 내버려 두는 경우도 많습니다. 아니면 반대로 어떻게 말해야 할지 몰라 조급증을 느끼며 괜히 윽박지르고 몰아세우기도 합니다. 이 모든 게 부모님도 '자식 사용 방법'을 모르기 때문입니다.

하지만 우리는 이제 '부모님이 우리한테 이야기를 듣고 싶어 한다'는 사실을 압니다. 그러니 먼저 말을 걸어 볼 수 있습니다. 처음에는 사소한 이야기로 시작해 보는 게 좋습니다. 나와 친한 친구는 누구이고, 그 친구는 어떤 성격과 외모를 갖고 있고, 오늘은 무엇을 했는지 정도를 이야기해 보는 것이죠.

부모님은 관심을 가지고 들을 수도 있고, 건성으로 들으며 귀찮아 할 수도 있습니다. 별 관심을 보이지 않는다고 해서 너무 상

처 받지 맙시다. 우리는 더 큰 목표를 향해 나아가는 중이니까요. 궁극적으로 부모를 사용하기 위해 사전 작업을 하는 것뿐이니, 부모님이 시원치 않은 반응을 보이더라도 계속 말을 걸어 봅시다.

낯간지러울 수도 있지만, 부모님과 연애를 연습해 본다고 생각하면 도움이 됩니다. 연인 관계라는 게 대단한 거라고 생각할 수 있지만, 실상은 주로 일상의 소소한 이야기를 주고받으며 친밀함을 느끼는 것이 연애의 핵심입니다. 로맨틱한 고백, 거창한 이벤트, 화려한 데이트보다 연인 사이에서는 '일상적인 대화'가 훨씬 중요합니다. 아무리 멋진 남자나 아름다운 여자와 사귄다고 하더라도, 어떻게 대화할지 모르고 서로 할 말이 없다면 뭐가 좋을까요? 실제로 부모님과 시시콜콜 이야기를 잘 나누는 아이들이 나중에 연애도 친근하게 잘할 수밖에 없습니다. 그러니 너무 귀찮아 하거나 어려워하지 말고 부모님과 먼저 적극적으로 연애해 보기로 합시다. 나중에 만나게 될 연인을 위해서라도 말이죠!

묻고 말하기

● 친구 사이나 연인 관계에서는 물론이고, 부모님과의 관계에서도 쓸 만한 대화의 기본 원칙이 있습니다. 바로 내 이야기를 했으면 상대방의 이야기도 물어보는 '묻고 말하기'의 원칙입니다.

내가 부모님에게 친구 이야기를 했다면, 부모님에게도 같은 이야기를 물어보면 대화가 원활하게 이루어집니다. 엄마와 아빠는 중학교 때 누구와 친했는지, 그 친구랑은 나중에 어떻게 되었는지, 지금 엄마와 아빠에게 가장 친한 친구는 누구이고, 왜 그 친구가 좋은지 캐물어 봅시다. 귀찮아 하는 부모님도 있고, 질문을 반가워하며 신나서 대답해 주는 부모님도 있을 겁니다. 어느 쪽이 되었든, 부모님도 말하기 시작했다면 성공입니다!

그 다음에는 내가 좋아하는 것들에 대해 이야기해 봅시다. 요즘 내가 좋아하는 음악을 부모님한테 들려주는 것도 좋습니다. 부모님은 "무슨 이런 노래를 들어?" 하고 반응할 수도 있겠지만, 상관없습니다. 그럴 땐 "엄마 아빠는 어떤 노래가 좋은데?" 하고 되물어 보면 되니까요. 그런 식으로 나를 기쁘게 했던 것들, 내가 즐거워하고 좋아했던 것들에 대해 이야기하고 부모님에게 물어보는 일을 반복해 봅시다. 너무 서두를 필요는 없습니다. 천천히 기회가 될 때마다 조금씩 부모님과 대화하는 연습을 해 보는 것이지요.

저는 어릴 때 아버지보다 어머니와 사이가 좋았습니다. 그래서인지 아버지의 어린 시절에 대해서는 거의 몰랐던 반면, 어머니의 어린 시절에 대해서는 상당히 잘 알고 있었습니다. 중학생 때 공부가 잘 되지 않아서, 어머니에게 어떻게 공부를 했었냐고 물었던 적이 있었죠. 그랬더니 어머니는 혼자 라디오를 틀어 놓고 팝송을 들으며 공부했다고 하더군요. 그래서 저도 그렇게 따라해 봤습니다. 그러다 보니 점점 어머니가 좋아했던 팝송이나 만화는 무엇이었는지, 어머니는 청소년기 때 어떤 첫사랑을 했는지 등을 궁금하여 물어보게 되었죠.

사실 누구나 자기의 어린 시절이나 행복했던 과거에 대해 이야기하고 싶어 하는 마음이 있습니다. 연애를 하게 되면, 가장 많이 하는 이야기 중 하나가 옛날이야기입니다. 어릴 때 부모님과 관계는 어땠는지, 친구들과 어떻게 지냈는지 등을 서로 알아 가며 사랑하게 되는 것이죠. 마찬가지로 우리가 부모님과 잘 지내려면 옛날이야기를 궁금해 하고 들어주어야 합니다. 현재의 이야기든 과거의 이야기든 함께 공유하며 교감하는 것이죠.

부모를 훌륭하게 사용하기 위해서는 이처럼 부모님과 조금씩 이야기하며 부모님의 마음을 여는 것이 필수입니다. 이성 친구에게 무작정 달려가서 "너 좋아해!" 하고 말하면, 그 친구의 마음을 얻을 가능성이 별로 없습니다. 이런저런 말을 걸고 재미있는 이야기를 하고 무엇을 좋아하는지 물으면서 서서히 그 친구의 마음을 열어야 하죠. 부모님 역시 마찬가지입니다.

부모님은 이성 친구보다 대하기 어렵거나 무서울 수도 있습니다. 하지만 반대로 이성 친구처럼 우리를 완전히 거절하거나 영영 보지 않겠다고 퇴짜 놓을 리는 없습니다. 어쨌든 우리는 영원히 부모님과 관계를 맺으며 살아갈 테니까요. 우리에게 진심 어린 관심을 가지고, 사랑으로 말을 건넬 가능성도 이성 친구보다 부모님이 더 높습니다.

솔직하게 말하기

◐ '소소한 일상 말하기'와 '묻고 답하기'를 통해서 부모님의 마음을 열고 대화가 오갈 수 있는 분위기를 만드는 데 성공했다면, 이제는 슬슬 부모를 본격적으로 사용할 때가 된 셈입니다. 많은 경우, 부모님은 가장 손쉽게 사용할 수 있는 최고의 '우리 편'입니다. 생활을 하면서 겪게 되는 수많은 문제와 고민을 누구보다 관심을 갖고 들어주고, 해결책도 제시해 줄 수 있는 존재가 부모님

이죠.

 우리는 청소년기를 겪으면서 앞으로 무엇을 진짜로 하고 싶은지 많은 고민을 하게 됩니다. 이런 고민은 청소년기에 시작되어 성인이 되어서도 한참 동안 이어집니다. 청소년기에 충분히 고민하지 못하면, 인생 내내 따라다니면서 불쑥불쑥 우리를 괴롭힐 수도 있습니다. 그렇기에 어느 때보다 많이 고민하고 생각해야 합니다.

 청소년기에는 막연하게만 느껴져 미래를 구체적으로 상상하지 못할 때가 많습니다. 그러나 대부분의 인생은 청소년기에 방향이 처음 결정됩니다. 이과를 갈지 문과를 갈지 아니면 직업 학교를 갈지 등에 따라 이미 인생 상당 부분이 정해지죠. 제가 대학 시절, 친구들을 꾸준히 지켜본 결과 역시 다르지 않았습니다. 대부분의 대학 신입생들은 이미 청소년기 때 생각해 두었던 대로 진로의 방향을 걷게 됩니다. 학자, 기자, 변호사, PD, 요리사, 엔지니어 등 신입생 때 '자신의 꿈'이라고 이야기했던 것이 십 년 뒤에 거의 그대로 이어지는 것을 수도 없이 봤습니다. 그만큼 청소년기는 자기가 무엇을 진정으로 하고 싶은지 반드시 고민해야 하는 시기입니다.

 대부분의 부모님은 자식이 무엇을 진짜로 좋아하고, 하고 싶은지 궁금해 합니다. 그러나 자식이 그런 부분에 대해 잘 말하지 않아서 모르는 경우가 많죠. 알더라도 자식이 또 변덕을 부린다고 생각해서 무시하는 경우도 있습니다. 그러면 결국 "공부나 해라!" 하고 소리 지르게 됩니다. 하지만 부모님도 자식이 무조건 공부만 하는 기계로 살기를 원하지는 않습니다. 오히려 다양한 것들을 즐기고 사랑하며 살기를 원하죠. 또 자식에게 남다른 재능과 취향이 있다면, 그런 부분을 잘 도와주고 응원해 주고 싶어 하기도 합니다.

그러니 어떻게 되든 결과에 신경 쓰지 말고, 일단 부모님에게 말해 보는 게 좋습니다. 항상 '밑져야 본전'이라는 마인드를 가지

고 부모님을 대한다면, 정말이지 본전 이상을 얻게 됩니다. 내가 무엇을 좋아하고 잘하는 것 같은지, 무엇을 해 보고 싶은지 솔직하게 말해 보는 것이죠. 물론 부모님이 선뜻 내 말에 동의하지 않을 수도 있습니다.

"노래 부르고 춤추는 게 좋으니 가수가 되고 싶다." 하고 부모님에게 말하면, 부모님은 "세상에 노래 잘하고 춤 잘 추는 사람은 많으니, 네가 가수가 되는 건 힘들지 않겠느냐." 하고 말할 확률이 높습니다. 하지만 부모님도 모든 것에 대해 잘 아는 건 아닙니다. 따라서 내가 원하는 것에 대해 솔직하게 말하되, 구체적으로 할 말을 생각해 두면 도움이 됩니다.

항상 우리에게는 '구체적인 할 말'이 필요합니다. 가수가 되는 것에 대해 이야기하고 싶다면, 관련된 정보를 미리 찾아보고 공부해 보면 할 말이 생깁니다. 중학생들이 지원할 수 있는 오디션이 있다든지, 일찍부터 작사와 작곡을 배워 유튜브를 통해 인기를 얻을 수 있다든지 등 가수가 되는 여러 가지 방법을 알아보고 이야기하는 것이죠. 거기에 더해, 음악을 하면서도 공부에 소홀하지 않을 수 있다는 자신감을 보여 준다면 부모님과 이야기가 통하게 됩니다. 이처럼 '구체적인 할 말'을 철저하게 준비하면 부모님과 중요한 고민도 얼마든지 나눌 수 있습니다.

우리의 솔직함에 부모님의 마음이 움직입니다. 아무 생각 없이 툭툭 내던지듯 말하고 대충 살아가는 우리의 모습에 부모님은 짜증을 내고 실망을 하죠. 그러나 우리가 정말 어떤 고민을 하고 얼마나 많은 생각을 했는지 솔직하게 말하면, 부모님 역시 우리의 말을 진지하게 생각해 줄 수밖에 없습니다. 대부분의 부모님은 우리의 솔직함에 약합니다. 그러니 역시 밀져야 본전입니다. 일단 솔직하게 차근차근 구체적으로 이야기를 해 봅시다!

부모의 나쁜 버릇

◉ 저는 이 설명서를 쓰기 위해 청소년기를 보내고 있는 많은 친구들을 만났습니다. 그럴 때마다 꼭 빼놓지 않고 물었던 질문이 '부모님이 하는 말 중 무엇이 가장 싫은가?'였습니다. 대부분의 학생들이 꼽았던 것은 '다른 사람과 비교하는 것'이었습니다. 여러분 역시 다른 친구나 형제와 비교 당한 경험이 있을 겁니다. 그런 말을 좋아하는 사람은 없겠지요.

남들과 비교하는 것은 부모님이 가진 버릇 중 가장 나쁩니다. 네, 실제로 부모님들은 잘못하고 있습니다. 엄마 아빠가 자꾸 우리를 남들과 비교하는 이유는 부모님 스스로가 그렇게 살기 때문이기도 합니다. 어른들은 늘 남들과 자신을 비교하며 누가 더 우월한지 열등한지를 생각하죠. 이것은 평생의 습관이기 때문에 부모님 스스로 고치기 어렵습니다. 지적해 주지 않으면 뭐가 잘못되었는지 깨닫지도 못할 겁니다.

하지만 우리가 무작정 "비교 좀 하지 마세요!" 하고 소리 지른다고 해서, 부모님이 반성하며 다시는 그러지 않을 가능성은 별로 없죠. 항상 목적을 생각하고 말해야 합니다. 우리의 목적은 '더 이상 비교하지 않게 만들기'입니다. 그렇다면 엄마 아빠가 실제로 비교하지 않도록 현명하게 말을 사용해야 합니다.

다시 이성 친구에 대한 예를 들어 볼까요? 이성 친구와 '사귀는 것'이 목적이라면, 무작정 가서 "사귀자!" 하고 말해서는 안 된다는 걸 잘 알 겁니다. 오히려 그 친구를 좋아하는 티를 내며 관심을 끌기도 하고, 때로는 그 친구를 좋아하지 않는 척하며 안달 나도록 만들어야겠죠. 소위 '밀당', 즉 밀고 당기기를 해야 하는 것입니다. 부모님을 대할 때도 마찬가지입니다. 내 목적을 정확하게 설정하고, 그 목적을 달성할 수 있는 전략을 짜야 합니다.

엄마 아빠가 계속해서 남들과 비교하며 나를 무시하고 윽박지르는 못된 버릇을 갖고 있다면, 우리는 이것을 고쳐 주어야 합니다. 그래야 더 이상 비교 당하며 괴롭지 않을 수 있고, 부모님과도 잘 지내며 화목한 가정을 만들 수 있을 테니까요. 따라서 그럴 땐, 부모님 스스로 '비교'가 얼마나 괴롭고 나쁜지를 느낄 수 있게 해 줘야 합니다. 바로 판을 뒤엎기, 즉 '입장 바꿔 보기'의 기술을 사용해서 말이죠.

부모님이 나와 다른 아이들을 자꾸 비교할 때, 그러한 비교가 얼마나 싫은지 부모님에게 솔직하게 이야기하고 입장을 바꿔 생각해 보라고 말해야 합니다. 엄마 아빠는 내가 다른 엄마 아빠와 비교하면 기분 좋겠냐고 이야기해 보는 것이죠.

다만, 너무 심하게 다른 부모님과 비교하면 부모님에게 큰 상처를 줄 수 있어요. 오히려 사이가 더 나빠질 수도 있습니다. 그러니 엄마 아빠가 입장을 바꿔 스스로 생각할 수 있도록 살짝만 언급해 주는 걸로 충분합니다. "엄마는 내가 다른 엄마랑 비교하면서 엄마를 비난하면 좋겠어요?" 정도만 말해도 엄마 아빠는 충분히 반성할 겁니다.

이것은 기본적으로 '눈에는 눈, 이에는 이'로 대처하는 방법입니다. 부모님이 먼저 비교를 했으니, 나도 똑같이 비교로 되돌려 주는 것이죠. 그러나 앞에서도 말했듯이, 너무 심하고 적나라하게 말하면 안 됩니다. 가령 "내 친구는 우리보다 훨씬 좋은 집에 살고 부모님의 직업도 좋은데, 나도 그런 부모 밑에서 태어나고 싶다." 하는 식으로 말하면 안 됩니다. 우리의 목적은 어디까지나 부모를 잘 사용해서, 내가 원하는 바를 얻고 가족을 화목하게 만드는 것이니까요. 목적을 잊어버리고 복수심에 불타면 모든 건 물거품이 되고 맙니다. 항상 말은 어떤 목적을 위한 '수단'이라는 걸 잊지 맙시다. 우리의 목적은 부모님과 잘 지내며 나의 꿈을 찾고 행복하게 사는 것이지, 부모님과 전쟁을 해서 이기는 게 결코 아니니까요!

부모를 아이처럼

◑ 입장을 바꾸어 말하는 방법이 일명 '판 뒤집기' 기술입니다. 이 방법은 부모님이 나를 너무 나쁜 방식으로 괴롭힐 때도 사용할 수 있지만, 반대로 부모님이 나에게 해 주는 것들을 내가 부모님에게 해 주는 방법으로 사용할 수도 있습니다. 나아가 부모님이 나에게 해 주길 바라는 것들을 내가 먼저 해 줌으로써 부모님도 그렇게 하도록 만들 수 있죠.

우선 우리가 부모님에게 무엇을 원하는지 잘 생각해 봅시다. 사람마다 다르겠지만, 대체로 우리가 원하는 것은 크게 두 가지입니다. 첫째는 부모님이 내가 좋아하거나 싫어하는 것들을 이해하며 내 입장에서 함께 고민하고 생각해 주는 것이죠. 그런 것 따위는 필요 없다고요? 잘 생각해 보기 바랍니다. 다정하고 좋은 엄마 아빠를 바라지 않나요? 그런 건 필요 없다고 생각하는 건 진짜 마음이 아니라 부모님을 미워하는 마음 때문 아닌가요? 제가 아는 한, 이 세상에 부모님의 관심 따위는 하나도 필요 없다고 '진짜로' 생각하는 사람은 없습니다. 누구나 부모님과 행복한 가족 관계를 원하죠.

둘째는 우리에게 어느 정도 독립과 자유를 허락해 주는 것입니

다. 하나부터 열까지 부모님이 참견하는 건 원하지 않죠. 그렇다
고 해서 완전히 무관심하기를 바라는 것은 아니지만, 우리가 원
하는 대로 살아갈 수 있도록 어느 정도 허용해 주길 원합니다. 우
리는 부모를 사용함으로써 이 두 가지를 모두 얻어 내야 합니다.
'적절한 관심'과 '적절한 자유'를 말이지요.

먼저 '적절한 관심'을 얻기 위한 방법을 이야기해 봅시다. 여기
에서도 우리는 '판 뒤집기' 기술을 사용할 수 있습니다. 우리가 앞
에서 이야기한 '묻고 말하기'라는 대화의 기본 원칙과도 통합니
다. 즉, 엄마 아빠에게 먼저 물어보면서 관심을 가져 주는 것이죠.
부모님에게 관심을 받고 싶다면, 먼저 부모님에게 관심을 가지라
는 겁니다. 내가 부모가 되고, 부모가 자식이 된 것처럼 말이지요.

여러분의 눈에 부모님이 어떻게 보일지 모르지만, 어른들은 결
코 완벽하지 않습니다. 어른들도 청소년의 사춘기처럼 '갱년기'
를 겪기도 합니다. 그래서 우울하기도 하고, 외롭기도 하고, 누군
가 자신에게 관심을 가져 주길 바라죠. 가족이나 세상 사람으로
부터 인정받고 싶어 하고, 자신이 제대로 살고 있는지 고민하기
도 하며, 자책하고 후회하기도 합니다.

여러분도 차차 알게 되겠지만 오히려 그런 마음의 병은 나이가
들수록 더 심해집니다. 여러분도 어렸을 때보다 지금 더 많이 고
민하고 걱정하지 않나요? 어른들은 때때로 청소년기를 그리워하

면서 '그때는 참 걱정할 게 없었지.' 하고 생각할 정도이니, 얼마나 마음의 문제가 많을지 짐작이 되지요.

부모님의 이런 병든 마음을 안다면, 우리는 부모님에게 관심을 가질 필요가 있습니다. 가끔은 부모님을 아이처럼 생각해 주어야 합니다. 엄마와 아빠는 어린 시절에 무슨 꿈을 갖고 있었는지, 어떤 사람과 연애를 했는지, 어디를 여행했고 무엇을 좋아하는지 등을 물어봐 주는 것이죠. 우리가 진짜로 그런 게 궁금하냐 아니냐가 중요한 게 아닙니다. 궁금하지 않아도 상관없습니다. 그냥 부모님을 아이라고 생각하고 물어봐 주는 것이죠. 엄마 아빠도 우리의 관심이 필요하니까요!

더 나아가 부모님을 '칭찬'하는 것도 좋은 방법입니다. "엄마, 참 잘했어요!" 하고 말한다면 조금 이상할 테고, 그보다 '고맙다'는 말을 활용하는 게 좋겠지요. 우리 모두는 누군가에게 인정받고 싶어 합니다. 부모님은 자식을 키우는 데 인생의 대부분을 투자하고 있기 때문에 특히 자식을 키우는 일에 대해 칭찬 받고 인정받고 싶어 하죠. 하지만 누가 제대로 칭찬해 줄 수 있을까요? 가장 잘 칭찬해 줄 수 있는 사람은 바로 우리 자식들입니다.

조금 오글거리거나 창피할 수도 있지만 어느 날 뜬금없이 "엄마가 내 엄마여서 참 고마워." 하고 말해 봅시다. 그리고 아빠가 힘들어 보이는 날에 "아빠, 일하는 거 너무 힘들지? 고마워." 하

고 말을 건네 봅시다. 이렇게 말하는 게 남사스럽게 느껴질 수 있지만, 뭐 어떻습니까? 밑져야 본전인데요. '고마워'라는 말은 앞으로 여러분이 살아갈 때 정말 중요합니다. 친구 관계나 연인 관계, 사회생활 등에서 말이죠. 미안하다는 말, 고맙다는 말 한마디를 못해서 사이가 안 좋아지는 경우가 허다하니까요.

　부모님과의 관계에서 우리가 더 '어른스러워지는 것'은 정말

　　　　　　　　　　　부모 사용법 기본 편_대화의 비법

좋은 방법입니다. 엄마 아빠와 시시콜콜 싸우기만 하면 부모를 사용하기가 점점 더 어려워집니다. 그러니 미리 기선 제압해서 우월한 위치에 올라서는 게 좋죠. 부모님을 아이처럼 생각해서 관심을 가지고 칭찬해 주면, 우리는 부모를 더 잘 사용할 수 있게 될 겁니다. 이것이야말로 '판 뒤집기' 기술의 결정판이라고 볼 수 있죠.

자유 쟁취하기

◑ 부모님과 나의 입장을 바꾸는 판 뒤집기 기술은 부모님에게서 자유를 얻는 데도 활용할 수 있습니다. 이제 우리도 더 이상 어린이가 아니기에 마음대로 시간을 쓰고 싶고, 하고 싶은 것을 혼자해 보고 싶은 마음도 생깁니다.

이럴 때 부모님의 지나친 간섭은 참 괴로운 일이 아닐 수 없죠. 특히 시도 때도 없이 공부하라는 소리만큼 우리에게 스트레스를 주는 일도 없습니다. 하루 종일 학교에서 공부하고 학원도 가는데, 부모님은 우리가 항상 공부만 하고 있어야 성에 차는 것처럼 보이죠.

앞에서 이야기했듯이 부모님이 그렇게 공부하라고 윽박지르는 가장 큰 이유는 불안하기 때문입니다. 엄마 아빠 눈에는 주변에 공부 잘하는 다른 아이들밖에 보이지 않고, 내 자식만 뒤처져 있는 것 같기에 불안한 것이죠. 나아가 대부분의 부모님은 '부자'가 아니기 때문에 계속 자식을 뒷바라지할 수 없을 거라는 불안도 가지고 있습니다. 그런 자식에 대한 불안과 스스로에 대한 불안이 합쳐지면서 '공부하라'는 메마른 명령밖에 할 수 없게 되는 겁니다.

이런 부모님의 상태를 흔히 '강박적인 상태'라고 부를 수 있습니다. 미래에 대한 불안 때문에 현재의 여유를 찾지 못한 채 끊임없이 '무언가를 하라'고 가족에게 요구하고, 스스로도 그 불안을 채우기 위해 계속해서 '무언가를 하는' 상태라고 볼 수 있죠. 그러니 우리는 부모님의 이런 강박적인 상태를 조금 풀어 주고, 불안을 줄여 줄 필요가 있습니다. 우리가 자유를 얻으려면, 부모님이 덜 불안해야 합니다. 줄곧 말했듯이 부모님과 나는 서로 영향을 주고받는 한 팀이니까요.

부모님을 덜 불안하게 하기 위해서는 내가 항상 계획적이라는 사실을 알려 줘야 합니다. 인간은 미래의 계획이 없으면 불안해하는 존재입니다. 우리가 아무런 계획 없이 노는 것처럼 보이면 부모님은 우리의 미래가 너무 불안해 보여서 견딜 수가 없겠죠. 그러니 항상 내가 어떤 계획을 가지고 있는지 알려 줄 필요가 있습니다. 오늘은 언제까지 놀고 얼마나 공부를 할 건지, 이번 주말과 방학에는 어떤 계획을 가지고 있는지 얘기해 주는 것이죠.

이처럼 내 계획을 말하는 것이 부모님을 설득하기 위한 기본 방법입니다. 하지만 이것으로는 충분하지 않죠. 우리는 여기에서도 때때로 판 뒤집기 기술을 사용할 수 있습니다. 부모님의 공부하라는 압박이 너무 심할 때, 부모님이 나의 입장을 이해할 수 있도록 입장을 바꿔 말할 수 있습니다. 부모님은 청소년기 때 그렇게 하루 종일 공부만 할 수 있었냐고 묻는 거죠. 부모님도 매일 일하다 보면 쉬고 싶을 때가 있지 않느냐, 부모님도 어릴 때는 공부하는 게 싫어서 가끔은 쉬거나 놀지 않았느냐고 되묻는 겁니다. 그리고 앞에서 말한 '계획 말하기'까지 한다면, 훨씬 효과적으로 부모님을 설득할 수 있습니다. '계획 말하기'를 통해서 부모님의 불안을 잠재우고, '판 뒤집기'를 통해서 부모님을 이해시키는 것이죠.

저는 청소년기 때 게임을 너무 좋아해서 하루도 빠짐없이 게임을 하곤 했습니다. 하루 종일 게임만 한 것은 아니고, 당연히 학원도 열심히 다니고 계획을 세워 숙제도 했죠. 나름대로 계획적으로 공부도 하고 게임도 했으나, 때때로 "게임 좀 그만해!" 하는 부모님의 잔소리를 피할 수는 없었습니다.

하지만 저는 어머니의 어린 시절 이야기를 많이 들었기 때문에, 어머니가 만화책을 무척 좋아했다는 사실을 알고 있었죠. 그래서 "엄마도 어릴 때 만화책 많이 봤다면서요. 다를 게 뭐예요? 학원도 다니고 숙제도 열심히 하고 있어요. 나도 놀거나 쉬고 싶을 때가 있어요." 하고 따졌습니다. 그 뒤로 어머니는 제가 계획대로 잘하고 있는지만 묻고, 게임을 그만하라고 일방적으로 명령하진 않았습니다.

우리가 이런 기술을 알고 있다고 해서 곧바로 능숙하게 사용할 수 있는 건 아닙니다. 바로 효과가 나타나지 않을 수도 있고요. 여기에서 알려 주는 모든 방법은 반복적으로 꾸준히 시도해야만 하는 것들입니다. 한번 해 보고 마는 것이 아니라 계속해서 사용하며 부모님과 가장 적절한 관계를 찾아 나가야 하는 것이죠.

특히, 상대와 입장을 바꾸어 보는 것은 앞으로 모든 인간관계에서 매우 중요한 기술입니다. 이를 적절히 활용하면서 사람들을 대할 수 있다면, 모든 관계가 좋아지고 우리의 삶 역시 행복하고 윤택해질 것입니다.

지금까지 우리는 부모를 사용하는 기본적인 방법 두 가지를 알아보았습니다. '마음을 열기'를 항상 기본으로 사용하고, '판 뒤집기'를 때때로 활용한다면 우리는 부모님과 함께 이 어려운 인생을 조금 더 수월하게 살아갈 수 있을 겁니다.

언제나 중요한 것은 아는 것보다 실천하는 것입니다. 알게 된 것은 바로 해 보는 것이 최선입니다. 부모님에게 달려가서 이야기하고, 묻고, 따져 보고, 설득해 보길 바랍니다. 바로 지금이요!

부모 사용법 기본 편_대화의 비법

부모 사용 설명서

4

부모 사용법 심화 편

협상의 비법

조금 쉬었다 할까?

그러자~

근심이라도 있냐?

음악 하겠다고 아빠한테 말했다가 혼쭐났어.

서태지 님도 어릴 적 일찌감치 학교를 그만두고 큰 뜻을 이루셨지!

태지짱…!

우리도 학교 때려치울까?!!

불끈!

불끈!

하지만… 그건 엄마 아빠한테 음악 한다고 말하는 것보다 더 어려울 거야.

시무룩

그건 그래……

부모님과 협상은 멀고도 험한 길! 아, 고달픈 청소년이여~

◑ 살아갈수록 부모님을 이해하고 대하는 일은 점점 더 어려워집니다. 나이가 들수록 부모님에게 돌려주어야 하는 것이 생겨나고, 부모님의 뜻과 다른 일도 해야 합니다. 언젠가는 부모님이 우리를 보살펴 주었듯이, 우리가 부모님을 보살펴 주어야 할 때도 올 것입니다. 청소년기는 그런 부모와 자식 간의 관계에 변화가 생기기 시작하는 첫 단계라고 볼 수 있죠.

부모님과의 관계는 어렵습니다. 사실 모든 관계가 그럴지 모릅니다. 학창 시절 친했던 친구와 오랫동안 좋은 관계를 유지하지 못하는 사람들이 많습니다. 그만큼 관계라는 게 어렵기 때문입니다. 연인 관계는 또 어떤가요? 한때는 죽고 못 살 만큼 서로를 좋아하며 행복했어도, 그 관계가 영원히 이어지는 경우는 잘 없습니다. 대부분의 연인이 좋아한 만큼 미워하며 싸우다가 헤어지게 되죠. 가족 관계 역시 쉽지 않습니다. 그럼에도 평생 단절할 수 없는 게 부모와 자식 간의 관계죠. 그래서 우리는 죽을 때까지 이어지는 이 관계를 위한 기술들을 익혀 나가야 합니다.

모든 관계의 기본은 '이해'입니다. 나를 이해하고 상대를 이해할 수 있어야 그 관계가 이어질 수 있습니다. 그 다음은 '말'입니다. 나와 상대가 어떤 대화를 얼마나 잘할 수 있느냐에 따라 그 관계의 좋고 나쁨이 결정됩니다. 어떻게 이해하고 어떻게 말할 것인가, 이것이 관계의 전부라고 봐도 과언이 아니죠.

이번 부모 사용법 심화 편에서는 조금 더 본격적인 '협상'의 기술을 알려 드릴 것입니다. 부모님으로부터 내가 원하는 것을 얻어 내는 방법이라 볼 수 있는데, 이제는 말만 가지고 되는 단계를 넘어서 '행동'이 중요해집니다. 이해하고, 말하고, 행동하면서 부모님과 협상할 힘을 갖추는 것이죠. 그럼 부모 사용의 최종 단계인 협상의 비법을 익혀 보도록 합시다!

여우 꿈나무가 되어 보자

● 부모님과 우리가 원하는 것이 항상 같을 수는 없습니다. 그렇기에 우리는 스트레스를 받고, 어떻게 하면 내가 원하는 것을 할 수 있을지 고민하죠. 따라서 우리는 부모님과 협상하는 방법을 알아야 합니다.

우선 '협상한다'는 것의 의미를 이해해 보도록 합시다. 협상이란 내가 원하는 것과 상대가 원하는 것을 모두 백 퍼센트 만족시킬 수 없으니, 서로 어느 정도 양보하여 합의하는 것입니다. 서로 조금도 양보하지 않고 자기가 원하는 것만 고집한다면 결코 협상은 이루어질 수 없겠죠. 제대로 협상하기 위해서는 내가 원하는 것뿐만 아니라 상대가 원하는 것도 정확하게 알아야 합니다. 그래야 내가 얼마나 양보할지도 결정할 수 있습니다.

부모님과 협상을 할 때도 마찬가지입니다. 그런데 부모님과 협상하는 건 특별히 더 어렵습니다. 부모님이 우리가 갖지 못한 무기들을 갖고 있기 때문입니다. 그 무기는 '돈'과 관련된 것일 때가 많습니다. 용돈을 줄이거나 선물을 주지 않거나, 당분간 옷을 사주지 않겠다고 협박하는 것이죠. 게다가 우리보다 힘도 세기 때문에 함부로 굴다가는 한 대 맞을 수도 있습니다. 그렇기에 우리가 부모님과 무작정 싸우려 든다면, 항상 질 수밖에 없는 건 당연합니다. 그래서 부모님과 협상을 할 때는 더 많은 생각과 고민이 필요합니다.

기본적인 태도부터 점검합시다. 부모님에게 무언가를 얻어 내거나 허락 받을 때 우리는 항상 '약자'라는 사실을 기억해야 합니다. 부모님한테 함부로 굴거나, 너무 당연하다는 듯이 무언가를 해 달라고 하면 당연히 부모님의 반감을 사게 되죠. 그러니 항상 공손하고 예의 바른 자세로 부탁하는 태도를 가져야 합니다. "이거 해 줘!" 하고 따지듯 말할 때와 "이거 해 주시면 안 돼요?" 하고 조심스럽게 부탁할 때는 그 결과가 천지 차이로 달라집니다. 태도 때문에 얻을 수 있는 걸 못 얻게 될 수도, 얻을 수 없는 걸 얻게 될 수도 있습니다.

항상 기본적인 과정은 똑같습니다. '내가 원하는 것'이라는 목적이 있고, 그것을 얻기 위한 수단으로 말하는 태도, 자세, 표정, 말투 같은 것들이 있습니다. 그러니 항상 정신을 바짝 차리고 '상대가 나를 어떻게 볼지'를 생각해 봐야 합니다. 부모님이 나를 건방지게 생각한다면, 무엇이든 들어주고 싶을까요? 반대로 부모님이 나를 예의 바르고 착한 아이라고 여긴다면, 어떤 부탁도 들어주고 싶을 겁니다. 실제로 그런 부모의 마음을 알고 약삭빠르게 행동하는 여우 같은 아이들이 있는데, 우리의 목표도 이런 '여우 되기', '여우 꿈나무 되기'라고 볼 수 있습니다.

여우가 된다는 것은 나쁘게 말하면, 부모님의 기분을 살살 맞추어 가며 부모를 이용하는 것이라고 볼 수 있습니다. 하지만 그런 것을 꼭 나쁘게 생각할 필요는 없습니다. 어차피 부모님도 우리 부탁을 들어줄 거라면, 조금이라도 더 기분 좋게 해 주는 걸 원하지 않겠어요? 우리 역시 부모님으로부터 얻을 수 있는 것을 태도 때문에 못 얻는다면 한심한 일이죠.

최대한 꾀를 내어 부모님 마음에 들도록 노력하다면, 부모님도 더 기쁘게 우리의 부탁을 들어줄 겁니다. 이런 걸 '윈윈(win-win) 전략'이라고 하죠. 일반적으로 게임을 할 때 한쪽이 이기면 다른 한쪽이 지게 되지만, 윈윈 전략은 패배하는 사람 없이 둘 다 이기는 경우를 말합니다. 나도 좋고, 부모님도 좋으니 무엇이 그리 나쁠까요?

먼저 행동하기

◑ 협상을 할 때 또 하나 중요한 것은 '먼저 행동하기'입니다. 이번 방학 때 놀이공원에 놀러 가고 싶다고 해 봅시다. 그냥 "가고

부모 사용법 심화 편_협상의 비법

싶어!" 하고 말하면, 부모님은 귀찮아 하거나 짜증을 낼 수도 있습니다. 대신 우리가 놀이공원에 가는 방법을 인터넷으로 검색해 보고, 언제 입장료가 저렴한지, 주변에는 무엇이 있는지 등을 미리 알아봐서 말하면 부모님도 사뭇 다른 태도로 받아들일 수밖에 없습니다. '우리 아이가 진짜로 가고 싶었나 보군. 애가 이 정도까지 노력하는데, 나도 좀 알아볼까?' 같은 생각을 하게 되죠.

다른 경우도 마찬가지입니다. 강아지를 키우고 싶을 때 부모님에게 강아지를 사 달라고 그냥 졸라서는 별로 효과가 없을 가능성이 높습니다. "키우고 싶어!" 하고 떼만 쓰면 협상이 되지 않기 때문이죠. 이럴 때도 '먼저 행동하기' 방법을 사용할 수 있습니다. 강아지를 키울 때 필요한 용품을 알아보고, 어떤 종의 강아지가 건강하고 예쁜지 찾아보고, 강아지를 입양 받을 수 있는 다양한 방법에 대해 조사해 볼 수 있겠죠. 또 강아지가 병에 걸렸을 때 어떻게 해야 하는지, 어떤 예방 접종을 받아야 하며, 어느 동물 병원이 저렴하고 좋은지 등을 미리 인터넷으로 검색하여 부모님에게 말하거나 프린트해서 보여 준다면, 당연히 협상력은 엄청나게 올라갈 겁니다.

또 다른 예를 들어 볼까요? 부모님은 내가 영어 학원에 다니길 원하는데, 나는 미술 학원에 다니고 싶다고 칩시다. 그럴 때 "영어 학원 가기 싫어! 나는 그림을 배우고 싶어!" 하고 백날 말해 봐야 서로 감정만 상하고 협상하는 데 별로 도움이 되지 않습니다. 대신 다니고 싶은 미술 학원을 알아보고 영어 학원과 겹치지 않는 시간대가 있는지를 먼저 조사한 뒤 공손하게 부탁하면 미술 학원에 다닐 수 있는 확률이 훨씬 더 높아지겠죠.

그러니 우리는 부모님을 위해서가 아니라 나를 위해서, 내가 원하는 것을 얻기 위해서 예의를 지켜야 합니다. 적어도 착하게

보여야 협상의 승률이 올라가기 때문이죠. 계속해서 착한 척, 예의 바른 척 연기만 해서는 한계가 있을 겁니다. 어른들은 생각보다 우리의 생각을 잘 꿰뚫어 보기 때문에 척하는 것은 한두 번 이상 통하기 힘들 수 있죠. 그럼에도 역시 밑져야 본전입니다. 대충 툭툭 던지듯이 말하고 건방지게 구는 것보다야 착한 척이라도 하는 게 훨씬 낫습니다. 거기에 더해 '먼저 행동하는 모습'마저 보여주면, 우리의 협상력은 어마어마하게 높아질 겁니다.

많은 아이들은 부모님 혹은 선생님과 이러한 협상을 해야 한다는 사실을 잘 모릅니다. 그래서 대충 자기가 원하는 것을 아무 생각 없이 말하고, 조르고, 떼쓰다가 부모님과 싸우고 선생님한테 꾸중이나 듣게 되죠. 원하는 것이 있을 때는 항상 마음을 차분하게 먹고, 깊이 생각한 다음, 상대의 입장에서 나를 바라보며 상대를 대해야 합니다. 여러분이 청소년기를 겪으면서 배워야 할 가장 중요한 자세이자, 부모를 사용할 때 익혀야 할 필수적인 협상 기술인 것이죠.

양치기 소년은 아웃!

◑ 부모님은 분명 우리가 가지고 있지 못한 돈과 힘을 갖고 있습니다. 그렇기에 항상 우리는 부모님 앞에서 작아질 수밖에 없고, 협상하기도 쉽지 않습니다. 하지만 부모님은 자신이 하루 종일 노력하며 번 돈을 자식을 위해 가장 많이 쓰기도 합니다. 자신의 인생을 바쳐서라도 자식이 성공하고 행복하기를 바라죠. 그러한 부모님의 사랑은 협상할 때 우리에게 유리한 조건이기도 합니다. 부모님의 사랑을 나쁘게 이용하자는 건 아닙니다. 적어도 부모님이 우리를 사랑한다는 사실을 기억하고 있다면 협상할 때 조금 더 자신감을 가질 수 있겠죠.

자꾸 부모를 이용하거나 사용한다고 하니, 불편할 수도 있을 것 같습니다. 그러나 상대를 향한 '순수한 마음'만 가지고는 결코 온전하게 관계를 유지할 수 없습니다. 오히려 순수한 마음만 앞선다면, 해가 될 수도 있습니다. 앞에서도 얘기했지만, 연인 관계에서도 순수하게 좋아하는 마음만으로는 오래도록 좋은 관계를 유지하기 어렵습니다. 상대가 좋다고 해서 매일 붙어 있자고 하고, 사사건건 관심을 갖고 참견한다면 상대방이 얼마나 피곤하겠어요? 그래서 때로는 좋아하는 마음을 참기도 하고, 상대방도 나를 좋아할 수 있도록 거리를 두면서 전략을 짜기도 해야 합니다. 그러한 과정을 통해서 우리의 '순수한 마음'도 더 오래 유지될 수 있는 것이죠.

부모님과 협상을 할 때도 부모님과 나의 입장을 정확하게 알고 내가 가진 패를 잘 활용할 줄 알아야 합니다. 부모님이 나를 사랑한다는 사실은, 내가 무언가를 부탁할 때 부모님도 긍정적으로 생각할 가능성이 높다는 걸 뜻하죠. 옆집 아저씨나 슈퍼마켓 아주머니한테는 씨알도 먹히지 않을 일을 우리 부모님은 들어줄 수 있습니다. 어른이 되어 사회에 나가 보면 알겠지만, 이 세상에 무조건 내 편을 들어주는 사람은 그리 많지 않습니다. 우리는 이런 부모님의 사랑에 고마워하고, 나아가 부모님의 '믿음'을 얻을 필요가 있습니다. 부모님은 우리를 사랑하기 때문에 우리를 믿고 싶어 합니다. 사랑하는 많은 사람들은 상대를 믿을 수 있기를 원합니다. 대신, 그만큼 배신에 취약하죠. 연인들이 헤어지는 대부분의 이유도 상대방의 배신 때문입니다. 약속한 것을 지키지 않는다든지, 몰래 바람을 피운다든지 같은 행동 때문에 사랑하는 관계가 깨집니다.

이처럼 믿음을 잃게 되면, 부모님과 협상하기는 매우 어려워집니다. 다들 '양치기 소년' 이야기를 알고 있을 겁니다. 양치기 소년이 재미로 "늑대가 나타났다!"를 반복하자, 도움을 주던 사람들이 진짜 늑대가 나타났을 때 정작 소년의 말을 믿지 않았다는 이야기이죠. 양치기 소년처럼 되면 끝장입니다. 부모님이 우리를 사랑한다는 사실도 소용없어집니다. 우리 스스로 최고의 패를 버리는 셈이 되는 것이죠.

믿음을 얻는 가장 좋은 방법은 약속을 하고, 약속을 지키는 것입니다. 거창한 약속을 말하는 게 아닙니다. 부모님이 "이 드라마만 보고 공부할 거지?" 하고 말했을 때, 그렇다고 대답했으면 그렇게 해야 합니다. 그럴 자신이 없으면 차라리 "드라마 끝나고 십 분만 쉬고 공부할게요." 하고 말하는 게 낫습니다. 하다못해 방에 들어가 공부하는 척이라도 해야 합니다. 아무리 사소한 말이라도 말해 놓고 지키지 않으면, 부모님의 기분이 나빠지고 자존심도 상하겠죠. 안 그래도 살다 보면 직장 상사나 다른 사람들에게 무시 당할 일이 많은데, 자식까지 무시하면 얼마나 화가 날까요?

자꾸 이런 일이 반복되면 우리는 부모님으로부터 믿음을 잃게 됩니다. 반대로 적어도 자신이 한 말을 지키고자 하는 모습을 보이면 우리는 조금씩 믿음을 얻게 되죠. 부모님도 자식으로부터 존중 받는다는 느낌이 들어 자식에게 더 너그러운 마음을 갖게 되겠죠. 우리가 부모님으로부터 존중 받고 싶은 것처럼 부모님 역시 마찬가지이니까요. 그렇게 부모님의 마음을 너그럽게 만들며 쌓은 믿음이야말로 협상할 때 최고의 무기가 될 것입니다.

조건을 걸고 내기하기

◑ 드디어 우리는 부모 사용의 최종 단계에 왔습니다. 부모님으로
부터 충분한 믿음을 얻었다면, 이제 그 믿음을 활용할 때입니다.
원하는 것이 있을 때는 언제나 공손한 자세로 부탁해야 한다는
것을 알았습니다. 또 항상 먼저 행동하는 것이 중요하다고 했죠.
그에 더해서 '조건'을 걸고 부탁을 한다면, 거의 성공할 것입니다.

물론 이 작전이 통하려면 부모님이 나를 믿을 수 있어야 합니
다. 지금까지 항상 약속을 어기고 제멋대로 살아왔다면 조건을
걸고 약속하는 것이 통할 수 없습니다. 부모님이 나를 '양치기 소
년'이라고 생각하는데, 조건을 걸어 봐야 무슨 소용일까요?

그러니 이 부모 사용법은 단계가 중요합니다. 처음부터 지금까
지 우리는 중요한 단계들을 밟아 왔습니다. 부모님에게 말을 걸
어 주고, 칭찬해 주고, 공손하게 대하고, 믿음을 쌓는 과정을 잘
실행했다면 우리는 비로소 '조건 걸기'라는 부모 사용의 최종 방
법을 사용할 수 있을 겁니다. 이 방법은 거의 모든 방면에서 활용
이 가능합니다.

부모님은 성적에 관심이 많기 때문에 우리가 시험을 볼 때마다 우리에게 스트레스를 주죠. 이럴 때도 조건을 걸고 진심으로 약속을 지킨다면, 우리가 원하는 시간을 보낼 수 있습니다. 다만 약속의 기본 원칙은 '지킬 수 있는 것'을 조건으로 내걸어야 한다는 점입니다. 부모님이 반에서 10등 안에 들기를 원한다고 해서, 우리가 그것을 해낼 수 있으리라는 보장은 없습니다. 그러니 부모님이 그런 조건을 원한다고 해도, 우리는 다른 조건을 걸어야 합니다. 바로 이렇게 말이죠.

"이번에 제가 10등 안에 들지는 알 수 없어요. 하지만 앞으로 일주일 동안 최선을 다해 공부해 볼게요. 대신 시험이 끝나고 일주일 동안 친구들이랑 마음대로 놀 수 있게 해 주세요."

중요한 것은 결과보다 진심을 다하는 과정입니다. 우리가 최선을 다해 약속을 지키고자 한다면 부모님의 마음도 움직일 수밖에 없습니다. 그렇지 않은 '적당한 연기'는 부모님도 알 수밖에 없지요. 그러면 우리는 믿음을 더 많이 잃게 되겠죠. 점점 부모를 사용할 수 있는 기회도 줄어들 수밖에 없습니다.

인생의 문제에 대해 이야기할 때도 조건 걸기 방법은 유효합니다. 이를테면 소설가가 되고 싶은데 부모님이 반대하는 경우를 생각해 봅시다. 우리는 앞서 살펴본 여러 가지 방법을 통해 이러한 상황을 어떻게 극복하는지 알고 있습니다. 소설가가 되는 과정에 대해 알아봐서 부모님에게 말씀 드린다든지, 솔직하게 고민을 털어놓고 부모님으로부터 도움을 얻는다든지 등의 방법이 있었지요. 하지만 그보다 더 좋은 방법은 소설 쓰기를 하는 만큼 부모님이 원하는 공부도 하는 것입니다.

시험 기간에 공부를 조금 열심히 한다고 해서 소설가가 되지 못할 리는 없습니다. 그러니 부모님에게도 조건을 걸고 솔직히 말씀 드릴 수 있죠. 시험 기간에는 최선을 다해 공부할 테니, 대신 소설을 읽고 쓸 시간도 허락해 달라고 이야기하는 것이죠. 또 소설 창작 수업을 듣게 해 달라고 부탁도 해 볼 수 있죠. 쉽지 않겠지만 의지만 있다면 못할 것도 없습니다. 지금 이 책을 쓰고 있는 저도 그랬으니까요. 낮에는 부모님의 믿음을 쌓기 위해 열심히 공부하고, 밤부터 새벽까지는 혼자 책을 읽고 글 쓰는 시간을 보냈었지요.

여러분도 충분한 의지와 인내력, 성실함만 있다면 그 어떠한 것도 부모와 협상할 수 있습니다. 게으르고 의지가 없다면, 부모와 어떠한 협상도 할 수 없을 것입니다. 결국 답은 우리 자신에게 있습니다. 항상 말과 함께 행동해야 한다는 사실을 잊지 말기 바랍니다. 아무것도 하지 않으면서 바라기만 해서는 그 무엇도 얻을 수 없습니다!

부모 사용법 심화 편_협상의 비법

나오는 글 :
『부모 사용 설명서』를 실천하기 위한 설명서

◐ 우리는 자신을 이해하고, 부모를 이해하고, 부모와 한 팀으로서 가족의 분위기를 책임져야 한다는 걸 알았습니다. 또 부모를 사용할 수 있는 다양한 방법들을 익혀 봤습니다. 핵심은 '이해'와 '말'이었습니다. 이해는 생각을 통해 하는 것인 반면, 말은 입을 통해 상대와 교감하는 것이죠. 그 두 가지 모두 '언어'를 통해 이루어집니다. 결국 부모 사용 설명서는 '언어 사용 설명서'인 셈입니다.

언어는 모든 관계에서 너무나 중요합니다. 기분과 느낌에 따라 아무 생각 없이 제멋대로 말한다면, 관계는 나빠질 수밖에 없습니다. 친구와 멀어지고, 연애는 실패하며, 부모님과의 관계도 안 좋아지겠죠. 그러니 항상 상황을 살펴보고 이해하며 말해야 합니다. 또 하나 중요한 것은 이해하고 생각만 해서는 안 된다는 것입니다. 꼭 상대에게 말을 건네야 하며, 행동까지 해야 합니다. 관계는 반드시 말과 행동을 통해 이루어지니까요.

저는 이 책을 쓰기 위해 많은 청소년과 부모님들을 만나 봤습니다. 청소년들의 고민도 많이 들었고 부모님들의 고충 역시 들었습니다. 많은 부모님들은 '자식이 무슨 생각을 하는지 모르겠다.'고 했습니다. 그만큼 우리는 부모님에게 생각보다 말을 많이 하지 않습니다. 말해 봐야 소용없다고 생각하고, 말하는 방법도 모르기 때문이죠. 하지만 이제 대화하는 방법을 알았으니, 침묵하지 말고 꼭 말을 하길 바랍니다. 친구를 사귀고 싶을 때도 먼저 말을 걸고, 계속 이야기를 나누어야 하는 것처럼 말이죠. 그렇게 부모님도 사귀어야 부모를 사용할 수 있습니다.

　모든 사용 설명서가 그렇듯이 이 『부모 사용 설명서』도 읽기만 하면 아무 의미가 없습니다. 설명서는 읽은 다음에 설명서대로 사용해야 의미가 있죠. 여러분도 이 설명서에서 말한 것들을 모두 빠짐없이 실천해 보길 바랍니다. 그중에 하나쯤은 반드시 통할 겁니다. 그로 인해 부모님과의 관계도, 가족도, 삶도 달라질 겁니다. 여러분이 부모님 곁에 지금처럼 꼭 붙어 있는 시간도 얼마 남지 않았습니다. 지금 부모님이 여러분 곁에 있을 때, 또 인생에서 가장 중요한 시기가 끝나기 전에 얼른 부모 사용의 세계로 뛰어들기 바랍니다. 지금을 놓치면 반드시 후회하게 됩니다. 서두르세요! 부모님은 여러분들에게 사용되기를 간절히 기다리고 있습니다.

1. 여러분이 진짜로 원하는 '미래의 삶'은 무엇인가요?

보통 우리의 꿈은 막연한 경우가 많습니다. '부자가 되고 싶다, 인기가 많고 싶다, 행복하고 싶다'처럼 말이죠.

하지만 그것은 진짜 꿈이 아닙니다. 꿈은 구체적이고 상세할수록 좋습니다. 선명하게 미래의 모습을 그려 볼 수 있어야 진짜 꿈을 이룰 수 있습니다.

여러분의 진짜 꿈은 무엇인가요? 어디에서 어떤 일을 하며 무엇을 즐기고 싶나요? 주말이나 휴가 때 혼자 혹은 사랑하는 사람과 무엇을 하고 싶나요? 여러분은 어떤 미래를 상상할 때 가장 행복한가요?

2. 부모님이 진짜로 원하는 것은 무엇인가요?

지금 여러분의 부모님은 행복해 보이나요? 아니면 현재에 만족하지 않고 더 큰 행복을 바라는 것처럼 보이나요?

부모님이 행복하다면 그 이유는 무엇일까요? 부모님이 행복하지 않다면 부모님은 어떤 것을 원하는 것 같나요? 부모님이 돈을 많이 벌기를 바란다면 돈을 벌어서 무엇을 하고 싶은 것 같나요? 부모님이 여러분의 성공을 바란다면 왜 그런 걸까요? 또 어떻게 성공하기를 바라는 걸까요? 부모님이 원하는 미래는 어떤 모습인가요?

3. 여러분이 부모님에게 진짜로 원하는 것은 무엇인가요?

누군가는 부모님이 내 속마음을 알아주고, 이해해 주고, 상담 상담해 주길 원할 수도 있겠죠. 또 다른 누군가는 부모님이 참견하지 않고 나를 내버려 두길 바랄 수도 있습니다. 그런데 그게 내 마음대로 되지 않는 이유는 무엇일까요? 부모님 탓일까요, 내 탓일까요? 어떻게 하면 부모님을 내가 진짜로 원하는 부모님으로 만들 수 있을까요?

토론

4. 가족이 지금보다 더 행복해지기 위해서 내가 할 수 있는 것은 무엇인가요?

집에 가면 행복하기보다 무미건조하고 심심하기만 하진 않나요? 지금보다 더 화목하고 행복한 가정을 원하진 않나요? 그렇다면 내가 무엇을 할 수 있을까요? 내가 할 수 있는 일이 전혀 없지는 않겠죠. 나는 가족을 위해 무엇을 할 수 있을지 고민해 봅시다.

5. 나와 부모님의 장단점은 무엇인가요?

이 세상에 완벽한 사람은 없습니다. 누구나 단점이 있고 장점이 있지요. 여러분도, 여러분의 부모님도 마찬가지입니다. 나의 장단점과 부모님의 장단점을 알게 되면, 훨씬 관계를 쉽게 풀어나갈 수 있습니다. 나의 장점은 살리고, 단점은 고쳐야겠죠. 마찬가지로 부모님의 장점에는 진심으로 감사하고, 부모님의 단점은 부모님에게 은근슬쩍 얘기해 볼 수 있습니다. 서로가 서로를 바꾸고 고쳐 나가면서 우리는 점점 더 좋은 사람이 될 수 있죠.

6. 부모님에게 미안하거나 감사한 마음이 들 때는 언제인가요?

부모님에게 미안했던 적이 있나요? 나는 그때 무엇을 잘못했고, 왜 미안했는지 떠올려 봅시다. 또 부모님에게 감사한 적이 있다면 왜 감사했는지 생각해 보고 솔직하게 이야기해 봅시다. 반대로, 부모님도 나에게 미안하거나 고마웠던 순간이 있었을 것입니다. 그러한 순간에 대해서도 생각해 봅시다. 사랑하는 사람들은 서로에게 미안해 하고 고마워합니다. 전혀 미안하지도, 고맙지도 않다면 아무런 사이도 아니겠지요. 부모님에게 미안하거나 감사한 마음이 들 때를 잘 생각해 보고 부모님과 좋은 관계로 나아갈 수 있는 방법을 이야기해 봅시다.

7. 부모님과 싸운 적이 있나요?

부모님과 싸웠을 때 부모님이 잘못했다고 생각했나요? 내가 잘못했다고 생각했나요? 그 이유는 무엇인가요? 그 싸움 이후 부모님은 나에게, 나는 부모님에게 어떻게 했는지도 생각해 봅시다. 싸운 다음에는 어떻게 하는 게 좋을지 이야기해 봅시다.

8. 커서 부모님처럼 되고 싶은가요?

커서 부모님처럼 되고 싶다면 그 이유는 무엇인지 생각해 봅시다. 되기 싫다면 그 이유 또한 무엇인지 생각해 봅시다.

혹시 부모님의 말이나 행동이 이해가 안될 때가 있나요? 그렇다면 부모님은 왜 그런 말과 행동을 하는지 고민해 봅시다. 나아가 내가 부모라면 어떻게 말하고 행동할지 생각해 봅시다.